JN409771

자유주의와 그 적들

—한국 자유주의 담론의 행방—

철학연구회 엮음

자유주의와 그 적들

— 한국 자유주의 담론의 행방 —

철학연구회 엮음

필 자

황경식 김비환

복거일 윤평중

논평자

강준호 설헌영

김형철 신지호

김동춘

철학과현실사

머리말

철학이 현실로부터 멀어지는 것은 철학을 위해서나 현실을 위해서나 득될 것이 없다. 어느 쪽을 위해서든 철학과 현실은 만나야 하고 철학의 현실화와 현실의 철학화가 요구되는 것이다. 그래서 우리 철학연구회는 조심스레 현실문제에 눈을 돌리고 나름의 생각을 피력함으로써 현실과 대화를 트고자 일련의 담론장을 만들어 가고 있으며 이 시리즈가 기획되는 의의도 거기에 있다.

근세 이후 서구의 주류 사회철학은 자유주의라 할 수 있다. 자유주의는 단적으로 개인의 자유, 개인의 자율이 가장 소중한 가치를 갖는다고 믿는 입장이다. 그래서 자유주의는 자유와 자율을 억압하고 유린하는 입장들을 용납하지 않으며 그에 대적하고 투쟁함으로써 개인의 자유와 자율을 쟁취하고자 한다. 이렇게 해서 자유주의는 다른 이념으로부터의 비판과 자기 성찰을 통해 부단히 진화해 가는 사회철학이라 생각된다.

해방 이후 우리는 일관되게 자유민주주의를 국가철학으로 내세워 왔으나 지금도 한국의 자유주의 담론은 사이비 자유주의와 사이비 비판들로 난맥상을 이루고 있는 실정이다. 근래에는 자유주의의 이름으로 현정권을 비판하기도 하고 자유주의의 우파적 버전인 뉴 라이트를 대안으로 내세우기도 한다. 이에 우리 연구회는 어지러운 자유주의의 담론을 개념적으로 명료화하고 그 역사적 전개를 일별함으로써 한국 자유주의 이념의 발전적 전망을 모색해 보고자 하였다.

우리나라 자유주의 담론에는 구체적인 입장이나 정책에 의거한 자유주의자들보다는 자유주의에 대해 막연하면서도 우호적인 정서를 갖는 수준의 심정적 자유주의자들이 많은 것으로 생각된다. 정서나 심정에 기반을 둔 자유주의인 까닭에 자신과 다른 자유주의에 대한 평가에 있어서도 의외로 과격하고 적대적이다. 따라서 우리의 자유주의 담론은 정책적 인프라가 없는 화려한 말놀이이기가 일쑤이고 따라서 시비를 가리기 어려운 이념적 언설의 공회전으로 끝나기 십상이다.

물론 우리는 이 프로젝트에서 구체적인 정책의 제시에까지 이르지 못할 수도 있다. 그러나 우신 생산직인 자유주의 담론의 기반이 될 개념적 명료성과 더불어 역사적 맥락에 대한 인식이라도 갖출 수 있다면 그것도 작은 성과만은 아닐 것이라 생각된다. 여하튼 이 같은 시도를 통해 우리는 철학과 현실의 소통에 작은 단서라도 마련되기를 기대한다. 우리는 앞선 시리즈 『정의로운 전쟁은 가능한가』에 이어 『자유주의와 그 적들』을 펴내면서 우리의 노력이 헛되지만은 않을 것이라고 자위하면서 동학들의 비판과 질정을 바란다.

2006년 3월 꽃마을에서

철학연구회 회장 **황 경 식**

차 례

자유주의는 진화하는가

— 자유와 소유 그리고 공동체 —

| 황 경 식 | 서울대 |

1. 들어가는 말

대한민국은 해방 이후 일관되게 자유민주주의를 국가철학으로 내세워 왔다. 그러나 해방 60여 년이 흐른 지금에 이르러서도 한국 사회의 자유주의 담론은 난맥상을 이루고 있어 사이비 자유주의와 사이비 비판이론이 판을 치고 있는 실정이다. 근래에는 자유주의 이름으로 현 정권의 노선을 비판하기도 하고 자유주의의 우파적 버전인 뉴 라이트(New Right)를 비판적 대안으로 내세우기도 한다. 이에 어지러운 자유주의 담론의 가닥을 잡아 이를 개념적으로 명료화하고 나아가 한국 자유주의 이념의 발전적 전망을 모색해 보고자 한다.

물론 자유주의도 역사의 구비마다 갖가지 굴절을 거쳐 성장, 발전해 온 정치이념으로서 다양한 스펙트럼을 갖는다. 고전적 자유주의는 사회주의의 도전을 거치는 가운데 평등의 계기를 수용함으로써 자유와 평등의 가치를 조정하는 바, 자유주의적 평등(Liberal Equality)을 내세우는 입장과, 평등보다는 자유의 가치를 우선시하는 자유지상주의(Libertarianism)로 양분된다. 이로써 자유주의(Liberalism)는 우파적인 자유지상주의와 좌파적인 사회주의 사이의 중도적인 위치에 자리하게 된다. 그러나 실상 현실 자유주의는 자유와 평등의 가치에 대한 미묘한 강조점의 차이를 두고 중도좌파 자유주의와 중도우파 자유주의로 양분되는 경향이 있다.

여하튼 우리의 관심은 자유주의의 핵심 즉, 자유주의를 다른 정치이념과 차별화하는 본질적 요소를 분명히 하고, 이와 관련해서 자유주의에 대해 가장 위협적인 요소 즉, 반자유주의적(anti-liberal) 요소가 무엇인지를 이해함으로써 자유주의의 외연을 확인하는 데에 있다. 이 점이 분명해지면 진정 자유주의가 무엇이며 그 적 또한 무엇인지가 이해될 것이고, 따라서 무모하게 자신의 입장과 사소한 차이를 보인다고 해서 자유주의의 적으로 매도하는 우는 범하지 않게 될 것이다.

이에 이 책에서는 '한국 자유주의 담론의 행방'을 점검함으로써 자유주의 담론의 허실과 시비를 가리고, 그것이 올바른 궤도에 진입하도록 함으로써 한국에서 더욱 생산적인 자유주의 문화가 개화하는 데 일조하고자 한다. 이를 위해 우리는 자유주의의 다양한 스펙트럼을 소개함으로써 자유주의 담론의 외연을 구획하고자 하며, 좌파적 자유주의와 우파적 자유주의에 대해서도 논의할 것이다.

한국 자유주의 담론을 관찰할 경우 직관적으로 떠오르는 몇 가지 인상을 열거할 수 있을 것으로 보인다. 우선 한국에는 심정적 자유주의자들이 많다는 생각이다. 다시 말하면 스스로 자유주의자로 공언하는 사람도 구체적인 입장이나 정책에 의거한 자유주의자이기보다는 자유주의에 대해 막연하면서도 우호적인 정서를 갖는 수준이 전부인 것으로 보인다. 나아가 정서나 심정에 기반을 둔 자유주의인 까닭에 다른 자유주의 버전과 자신의 입장을 차별화할 구체적 대안이나 정책이 빈약한 것이다. 자유주의 스펙트럼에 있어 다른 자유주의와 차별화할 특성이 없을 뿐 아니라 다른 형태의 자유주의에 대한 평가에 있어서는 의외로 과격하고 적대적이다. 이를테면 좌, 우, 중도적 버전의 자유주의를 표방하든, 뉴 라이트나 뉴레프트라는 신조어를 들고 나오든 간에 그들이 내세우는 정책들에 일관성이 없을 뿐 아니라 정책들 간에 뚜렷한 차이를 간파하기가 어려운 것이 심정적 자유주의의 특색이 아닌가 한다.

각양의 자유주의를 차별화해 줄 인프라, 즉 정책적 기반에 차이가 없는 까닭에 입장을 달리하는 자유주의자들 간의 담론은 화려한 이념적 언어들로 된 말놀이가 주종을 이룬다. 그리고 이같이 하부구조에 기반을 두지 못한 말장난에 있어서는 시비나 승부를 가릴 기준이 없는 까닭에 이념적 언설의 공회전만 있을 뿐이다. 정책적 기준이 없을 뿐 아니라 자유주의의 핵심에 대한 이해의 공유가 없는 까닭에 자유주의의 적과 동지에 대한 식별이 어려워지고 따라서 상대방 자유주의가 갖는 차이를 과대평가하거나 과소평가함으로써 공정한 담론이 어려워진다. 이를테면 자유주의의 동일한 스펙트럼에 속하지만 다소간 평등지향적 좌경을 하거나 소유지향적 우경을 할 경우 상대를 자유주의의 적들로 평가하는 일이 비일비재하다. 한국 자유주의의 담론에 있어서는 자본주의나 재벌기업 옹호론을 펴게 되면 수구나 보수로 낙인찍히게 되고 평등지향적 복지정책을 편들게 되면 좌경세력이나 사회주의자로 지탄받게 된다. 이 같은 흑백논리적, 2항대립적 구도에 있어서 중도는 기회주의자가 되고 건전한 중도우파나 중도좌파가 설 자리를 잃게 된다.

세계 정치사상사를 일별할 경우 분명 자유주의는 근세 이후 정치이념의 주류를 형성해 온 것이 분명하며 이에 대해 비판적으로 제시된 각종 대안적 정치이념들과 부단한 갈등과 대결을 거치면서 자유주의는 지속적으로 발전, 진화해 온 그리고 진화해 가는 이념이라는 생각이 든다. 필자가 생각하기에 자유주의의 변증법적 발전에 있어 가장 중대한 두 가지 매개변수는 사회주의와 공동체주의가 아닌가 한다. 근세 이래 자유주의가 오늘날의 자유주의로 성장해 옴에 있어 사회주의의 평등주의적 주장과 공동선, 공동체의 가치를 중심한 공동체주의의 부단한 비판과 견제는 상당한 기여를 해온 것으로 생각된다. 고전적 자유주의의 소유권지향적 개인주의(possessive individualism)는 평등주의적 비판과 공동체주의적 비판 속에서 정치이념의 주류를 감당할 수 있는 이념으로 성장, 진화해 온 것이 아닌가 한다. 하지만 우리는 현대적 자유주의만으로 섣불리 역사의 종언을 말하기는 어려울 것이라 생각되는데, 이는 자유주의가 그 성장과 진화의 여력이 다했다고 하기가 어려울 것이기 때문이다.

이상과 같은 배경적 이해 속에서 한국 자유주의 담론의 성장과 진화 및 세계 자유주의의 진화에 있어서의 기여를 위해 선결되어야 할 많은 과제가 있을 것이라 생각한다. 우선 우리는 자유주의와 관련해서 갖가지 언어적, 개념적 명료화 작업 내지는 교통정리를 해가야 할 것이다. 지금과 같은 개념적 혼란 위에서는 효율적 의사소통이 불가능할 것이며 공리공담에 그치는 소모전만 있을 수 있기 때문이다. 그리고 자유와 소유권에 대한 더욱 세밀한 분석이 있어야 할 것이다. 물론 우리의 전통에서는 자유의 진정한 기반은 소유가 아니라 무소유에 있다는 철학도 있기는 하나, 사회적 자유에 있어 소유의 문제가 더욱 일차적 과제임이 분명한 만큼, 우선 우리는 이러한 분석에 주력하면서 무소유에 기반한 자유에 대한 전망도 잊어서는 안 될 것이다. 끝으로 자유주의적 개인권과 공동체주의적 공동선의 상보관계에 대해서도 깊은 분석이 요청된다. 특히 이는 동서문명의 대화와 융합을 통한 새로운 정치이념을 모색함에 있어서 반드시 짚고 넘어가야 할 이념적 과제의 하나라 생각되기 때문이다.

2. 자유주의, 진화하는 정치이념

자유주의란 무엇인가? 자유주의에 대한 간명한 설명을 시도하려 할 경우 우리는 곧바로 우리가 논의하려는 주제가 자유주의인가, 아니면 자유주의들(liberalism or liberalisms)인가라는 당혹스러운 질문에 직면하게 된다.[1] 유명한 자유주의자들을 열거하기는 쉬우나 그들이 공유하고 있는 것이 무엇인지를 말하기는 간단하지가 않다. 존 로크, 아담 스미스, 몽테스키외, 제퍼슨, 존 스튜어트 밀, T. H. 그린, 존 듀이 그리고 I. 벌린이나 J. 롤즈 같은 현대 학자들도

1) Alan Ryan, "Liberalism", *A Companion to Contemporary Political Philosophy*, eds. R. E. Goodin and Philip Pettit(Blackwell, 1993), p.291.

분명 자유주의 진영에 속한다. 그러나 그들은 관용의 범위, 복지국가의 정당성, 민주주의의 장점 등 주요 정치적 문제들에서도 합의하지 못하고 있다. 심지어 그들은 자유주의자들이 추구해야 한다고 생각하는 자유의 성격에 대해서마저 합의하지 못하고 있는 실정이다.

물론 정치학과 관련된 다른 주요 개념들 역시 정의되지 않거나 정의할 수 없는 것들이라는 점은 흔히 제기되는 불평이기는 하다. 심지어 정치적인 것과 비정치적인 것 간의 구분까지도 논란의 여지가 있으며 국가의 규범적 특징, 합법성의 필요·충분조건까지도 끊임없는 논란의 대상이 되고 있음은 주지의 사실이다. 그러나 자유주의가 다른 이념적 경쟁자들에 비해 형편이 더 나쁜 것은 아니며 대다수의 정치이념들이 유사한 처지에 있는 셈이라 할 수 있다. 자유주의자, 보수주의자, 사회주의자까지도 오직 이슈별로 그 차이성이 확인될 수 있을 뿐이며 한 이슈에 대한 입장이 다른 이슈에 대한 입장을 추정할 수 있는 결정적 단서가 될 수도 없는 것이 현실이다.

보수주의나 사회주의도 비슷한 처지이긴 하나 특히 자유주의와 같은 정치이념이 정의하기 어려운 한 가지 이유는 그런 이념이 정치적 투쟁에 있어 찬양이나 비방의 용어로 이용되기 때문이다. 홉스가 지적한 대로 정치이념에 대한 논의가 분분한 까닭은 상충하는 이해관계의 결과이기 때문이라 할 수 있다. 이를테면 1970년대 이래 공동체주의로 알려진 정치적 운동은 그 주요 특징 중 하나가 자유주의에 대한 적대감이라 할 수 있다. 공동체주의자의 기술에 따를 경우, 자유주의는 매력 없는 이론이고 사회학적 오류와 도덕적 환상에 바탕을 두고 구성된 것이라 한다. 롤즈와 같은 자유주의자

도 이 같은 혹평은 자신들의 입장을 비꼬기 위해 개작한 패러디에 불과하다는 것이다.[2)]

자유주의와 같은 정치적 용어를 정의하기 어려운 또 한 가지 설명은 정의 자체가 본질적으로 논란의 여지가 있는 용어로 구성되며 이 용어들의 의미와 지시내용이 지속적으로 논란거리가 되는 것이기 때문이다. 만일 우리가 자유주의를 '개인의 자유가 최고의 가치이며 제도와 관행을, 자유를 증진함에 있어 성공 여부에 의해 판단되는 것이라는 믿음'으로 정의할 경우 이는 또 다른 논쟁을 불러일으킬 뿐이라는 점이다. 여기에서 우리는 다시 자유란 무엇인가, 자유는 적극적 자유인가 소극적 자유인가, 국가 전체의 자유는 그 성원들의 자유와 어떻게 관련되는가를 물어야 한다. 나아가 자유만이 논란의 여지가 있는 것이 아니라, 정의 속에 나오는 문제의 개인은 누구인가, 성원으로서 개인에는 어린아이가 포함되는가, 노인들과 정신적 결격이 있는 자는 어떤가, 거기에는 외국인 거주자나 재외국민도 포함되는가, 이같이 논의의 여지가 있는 용어들을 포함할 경우 정의는 본질상 논쟁거리를 배제하기 어려운 것이 될 수밖에 없다.[3)]

이같이 자유주의가 정의하기 어려운 정치이념이며 다양한 자유주의 버전 간에 공통되는 본질적 요소를 구분해 내는 일이 어려운 것이 사실이나 또한 우리는 이들 자유주의들에 있어 더욱 온건한 의미에서 가족유사성(family resemblance)마저 외면해서는 안 된다는 점도 일리 있는 충고라 생각된다. 다시 말하면 우리는 자유주의

2) John Rawls, "Justice as Fairness: Political not Metaphysical", *Philosophy and Public Affairs*, 14(3)(Summer, 1985), p.233.

3) Alan Ryan, "Liberalism", p.292.

가 개인, 사회, 국가 이론에 있어 나름으로 입장을 지니며 비록 그 이론이 다른 정치이념과 부분적으로 중첩되는 점이 있기는 하나 이들이 결합되어 자유주의라는 하나의 사조를 형성해 오고 있으며 나아가 자유주의는 다른 사조들과 충돌하고 화합하는 가운데 더욱 복합적이고 세련된 형태의 자유주의로 발전, 진화해 간다는 사실을 관찰할 수 있다고 생각한다.

일반적으로 자유주의 역사에는 고전적 자유주의와 현대적 자유주의라는 두 종류의 자유주의가 있는 것으로 간주된다. 고전적 자유주의(classical liberalism)는 존 로크, 아담 스미스, 토크빌, 하이에크 등에 의해 대변된다. 이들의 중심논의는 제한된 정부(limited government)라는 관념, 법의 지배(rule of law)의 유지, 임의적인 자유재량권(discretionary power)의 회피, 자유계약과 사유재산(private property)의 신성성, 각자의 운명에 대한 개인의 책임(responsibility of individuals) 등에 집중되고 있다. 고전적 자유주의는 오늘날의 관점에서 볼 때 다수결을 존중하기는 하나 반드시 민주주의적 이론이 아니었고 인간 능력에 대한 신뢰에 기반한 진보적인 교설도 아니었으며 사회정의를 바탕한 복지국가에 호의적이지도 않았다.

고전적 자유주의에 대한 현대적 지지자들은 최소한의 도덕적 근거로 간주하는 바에 의거해 최소 정부(minimal government)를 옹호하며, 정부에 의해 간섭받지 않을 경우 경제가 번영을 가져다 준다는 점에서 최소국가를 정당화했다. 이러한 논변은 자연적 자유(natural liberty) 체제를 옹호한 아담 스미스의 국부론으로부터 비롯되었고 근래에는 하이에크에 의해 전승되고 있으며 현실 사회주의의 패망 후 더욱 그 신뢰를 공고히 하고 있다. 물론 고전적 자유주의자도 법의 지배에 반대하진 않았지만 국가의 강제권이 갖는 갖가지 폐해를 들어 최소정부를 옹호하고자 했다. 그러나 고전적 자유주의의 현대적 옹호자들은 그들의 주장이 현대적 자유주의에 의해 위협당하고 있다고 판단한다.

현대적 자유주의(modern liberalism)는 존 스튜어트 밀의 『자유론』(*On Liberty*)에 의해 예시되고 있는데 이에 따르면 인간은 진보하는 존재(progressive being)로서 그들의 개성은 개방된 다원성 속에서 만개할 수 있다는 것이다. 철학적으로는 영국의 이상주의자들(idealists)과 홉하우스 같은 신자유주의자들(new liberals)에 의해 주창되었다. 현대적 자유주의 이념은 전쟁 전에는 자유주의 정부의 복지 입법에 의해, 전쟁 중에는 뉴딜 정책을 통해, 전쟁 후에는 복지국가 활동의 활성화에 의해 구체화되었다. 현대적 자유주의는 그것이 근거하고 있는 도덕적 기초가 자유에 의해 규정될 수 있는 까닭에 심지어 그 비판자들에 의해서도 자유주의의 한 형태임은 합의되고 있는 주지의 사실이다.[4)]

소극적으로 말하면 현대적 자유주의의 목표는 개인들을 기아, 실직, 질병, 노령 등의 두려움으로부터 해방하는 일이며 적극적으로는 밀이나 훔볼트가 꿈꾸어온 방식대로 현대 산업사회의 성원들이 행복과 번영을 누리게끔 돕자는 것이다. 이 같은 목표를 도모함에 있어 현대적 자유주의는 복지국가 이념을 지지하며 경제에 대해 상당한 정도 정부의 간섭 없이는 그런 이념이 성취될 수 없다고 본다. 따라서 현대적 자유주의는 사유재산을 신성불가침한 것으로 간주하지 않으며 정부의 기능을 야경국가와 같은 최소한의 것으로 제

---

4) 위의 논문 p.294.

한하지 않는다. 그래서 롤즈와 같은 현대적 자유주의자들은 사유재산은 개인의 자기 표현에 있어 필요불가결한 요인이긴 하나 과도한 소유는 정당화되기 어렵다고 못박고 있다. 물론 현대적 자유주의 비판자들은 그것이 자유주의의 한 형태임을 부인하지 않으면서도 바로 그 점에서 위험한 유형의 자유주의로 간주한다.

자유주의 이론에 있어서 고전적-현대적 자유주의 간의 구분과 밀접한 관련을 갖기는 하나 동일하지는 않은 또 하나의 구분이 있는데, 그것이 바로 자유지상주의와 자유주의 간의 구분이다. 어떤 구분에 있어서이건 각 유형의 자유주의는 자신만이 진정한 자유주의이며 이와 대립되는 입장을 비판적으로 배제하고자 한다. 근래의 자유지상주의자들(libertarians)은 가끔 그들이 바로 고전적 자유주의자들이라 주장하기는 하나 그것이 전적으로 진실이라고 하기는 어려운 실정이다. 또한 자유주의와 자유지상주의를 구분하는 일이 쉬운 것만은 아니다. 양자는 모두 개인적 자유의 증진을 내세우며 모두가 자신과 더불어 자신의 자질을 자유로이 이용할 권리를 갖고서 세상에 태어난다는 인간 권리를 기반으로 하고 있다.

그러나 자유지상주의와 자유주의가 갈라지는 시발점은 국가에 대한 그들의 입장에서이다. 자유지상주의는 정부가 필요악이 아닐 뿐 아니라 대체로 불필요한 악이라고 한다. 이에 비해서 자유주의는 정부가, 조심해서 다루어야 하겠지만 다른 도구들과 마찬가지로 선용하면 좋은 목적에 쓰일 수 있다는 것이다. 아마도 가장 중요한 차이점은, 자유지상주의자들은 권리를 사유재산의 한 형태로 간주하는데, 특히 자유지상주의의 한 대변자인 노직은 이를 소유권한(entitlement)이라 부른다.[5] 그에 따르면 개인은 자기 자신과 그 능력의 소유자이며 이를 이용해서 생겨난 노동 산물이나 타인들이 자유로이 양도한 자원에 대해 정당한 소유권을 갖는다는 것이다. 하지만 정부는 이러한 소유권의 주체가 될 수 없으며 따라서 분배나 재분배권을 가질 수 없다고 주장함으로써 복지국가에 대한 반론을 강하게 내세운다.

이에 반해서 복지국가적 자유주의(welfare state liberalism)를 강력히 내세우는 자유주의자 롤즈는 『정의론』에서 우리가 갖는 권리와 향유할 자유의 종류 및 범위를 이해하기 위해 자신의 천부적 재능과 사회적 지위를 모르는 무지의 베일(veil of ignorance)을 쓴 가상적 입장에서 정의의 문제를 숙고해야 한다는 것이다. 이로부터 롤즈는 최대한의 평등한 자유원칙과 최소수혜자를 포함한 모든 성원에게 이득이 될 차등원칙을 이끌어 낸다.[6] 이같이 자유주의적 정치이론을 옹호함에 있어 사회정의관을 도입하는 것은 J. S. 밀로부터 내려오는 진보하는 존재로서 개인의 자기 개발권 이념에 기반을 둔 것으로서, 고전적 자유주의 옹호자들에게 정면으로 도전을 하는 셈이다.

필자는 고전적 자유주의에서 현대적 자유주의로, 그리고 자유지상주의에서 자유주의로의 흐름으로부터 자유주의는 나름으로 진화해 가고 있는 정치이념이라 생각한다. 특히 전자로부터 후자로의 진화와 발전에 있어서는 마르크스에 의거한 사회주의적 이념의 매개가 본질적 기여를 했다는 점도 유념해야 할 것이다. 여하튼 자유주의는 그 정의상 유명무실한 자유가 아니라 명실상부한 자유를 선

5) R. Nozick, *Anarchy, State and Utopia*(New York: Basic Books, 1974), pp.150 이하 참조.

6) John Rawls, *A Theory of Justice*(Cambridge, Harvard University Press, 1971), pp.11-17.

호해야 한다면, 나아가 자유주의가 가진 소수자의 자유보다는 모든 성원의 자유를 선호해야 할 이유가 있다면, 자유지상주의로부터 자유주의로의 운동은 하나의 진화로 볼 수 있음에 틀림없다. 자유주의가 자유체계의 극대화를 지향하는 이념이라면 현대 자유주의가 자유와 더불어 평등에 관심을 가질 수밖에 없으며 그래서 자유주의가 자유주의적 평등(liberal equality)이념으로 발전하는 이치를 충분히 이해할 수 있을 것으로 보인다. 이런 점에서 우리는 고전적 자유주의가 암암리에 전제하고 있는 소유적 개인주의(possessive individualism)를 비판적으로 성찰해야 할 것이다.

나아가 앞으로 살피겠지만, 자유주의는 최근 공동체주의적 도전에 직면하여 자신을 보완하거나 아니면 자신의 공동체주의적 측면을 변호하면서 자유주의의 개인권과 공동체주의의 공동선을 통합적으로 추구하는 공동체주의적 자유주의로 발전하고 있는 것도 자유주의가 진화하고 있는 한 양상을 보여주고 있다. 또한 자유주의는 한 국가 내에 문화다원주의와 국제 간 문화의 충돌에 봉착하여 자신의 입장이 더 큰 수용 가능성을 확보하고 다른 정치이념들에 대해서도 관용의 범위를 더 확장하기 위해 최소주의적 전략을 채택하는 바, 자신을 다양한 문화 간의 중첩적 합의가 이루어지는 공적인 영역에 국한하고자 한다. 이 같은 자유주의의 최소주의적 프로젝트의 결과는 롤즈의 정치적 자유주의(political liberalism)에 의해 가장 잘 대변되며 이 또한 자유주의적 진화의 최근 모습 중 하나로 주목할 만하다.[7]

---

7) John Rawls, *Political Liberalism*(Harvard University Press, 1994) 참조.

3. 자유주의, 그 적들과 동지들

앞에서 논구한 바와 같이 우리가 비록 자유주의에 대한 정의나 자유주의들에 공통된 본질을 찾는 야심을 버리고 다양한 자유주의들에 중첩되는 가족유사성에 주목한다면 우리는 자유주의가 나름으로 어떤 인간론, 사회론, 국가론을 갖는 사조로서 이해할 수 있을 것이다. 우선 자유주의가 일정한 정치제도와 상관되는 것이긴 하나 그에 앞서 자유주의는 개인들의 좋은 삶(the good life)에 대한 이론으로서, 그리고 그런 삶이 영위될 수 있는 사회적, 경제적, 정치적 체제와 관련해서 설명될 수 있다. 롤즈는 그의 『정의론』에서, 우리는 좋은 삶에 대한 특정한 입장을 받아들임 없이 제도적 디자인을 하기 위한 자유주의적 이론을 구성해야 한다는 입장에 대한 설득력 있는 논변을 제시하고 있다.

롤즈에 따르면 자유주의적 정치 및 경제 제도를 위한 합의를 추구하는 일은, 종교적 신앙이나 개인적 가치관과 같이 아주 중요하기는 하나 이론의 여지가 있는 문제에 중립적인 기반을 찾을 경우 더욱 원활하게 진행될 수가 있다는 것이다.[8] 물론 비판가들이 주목했던 바와 같이 롤즈는 실제로 좋은 삶에 대한 최소주의적 가정을 통해 자유주의자가 되고자 했다. 다시 말하면 롤즈에 따르면 노예제는 이론의 여지없이 악이며 양심적 믿음의 억압은 용납할 수 없는 것이고, 합리적인 사람이면 누구든 직업생활과 삶의 양식에 있어 선택의 자유가 삶이 의미 있는 것이기 위해 본질적으로 중요하

8) John Rawls, “The Domain of the Political and Overlapping Consensus”, *New York University Law Review*, 64(1989), pp.233-255.

다는 것을 롤즈도 인정하고 있다. 롤즈의 정의이론이 바탕을 두고 있는 바 인간 본성과 인간적 선에 대한 최소한의 전제들은 회의주의나 도덕적 신념의 결여를 반영한다기보다 각 개인은 자신의 운명을 선택하는 주체이고 타인들이 좌우할 수 없다는 자유주의적 사고의 강력한 표현인 것이다.

결국 자유주의적 인간관은 다양한 대변자를 가지긴 하나 한 가지로 요약될 수 있는데, 개인은 스스로를 창조하는 존재이며 어떤 한 가지 단일한 가치관으로는 성공적인 자기 창조를 규정할 수 없고 이같이 자신의 삶에 책임을 지는 것 자체가 자유주의자들이 이해하는 좋은 삶의 일부라는 점이다. 그리고 자유주의가 좋은 삶에 대한 단일한 가치관을 갖지 못하는 이유는 자유주의자들이 통상 경험론자인 까닭에 오직 경험을 통해서만이 개인의 행복과 번영에 진정 도움이 되는 것이 무엇인지 알 수 있기 때문이다. 또한 자유주의자들은 다원주의자이기에 자율적 개인은 서로 아주 상이하면서도 동등하게 좋은 삶의 다양한 가능성을 선택할 수 있기 때문이다. 물론 이 같은 인생관, 가치관이 이론의 여지가 없는 것은 아니며 다수의 비판가들에 의해 매력 없는 것으로 비난받고 있는 것도 사실이기는 하다.

사회이론과 관련하여 자유주의는 흔히 공동체의 역할을 평가절하한다는 비판을 받기도 한다. 그러나 자유주의자들은 사회가 성원들의 삶의 형태를 구성, 형성하는 방식을 이해하고, 사회가 더 이상 그들의 삶을 왜곡하거나 불구로 만들지 않을까 조바심하는 것은 사실이나, 자유주의 나름의 사회이론이 없다고 보기는 어렵다. 현대 자유주의자들은 사회의 기원을 설명하기 위해서라기보다 그것을 바라보고 평가하기 위해 사회가 일종의 계약(contract)을 함축한다고 보는 계약론적 논변이 크게 도움이 된다고 본다. 개인에 대한 집단의 권위는 절대적인 것이 아니며 개인이 그런 권위를 받아들이기로 합의할 계약의 가상적 조건에 의존하는 만큼 상대적인 것이라 할 수 있다는 것이다.

이상은 사회의 강제적 권위와 관련된 것이고 이를 넘어서 자유주의적 사회가 어떤 것인지는 그리 간단히 말하기 어렵다. 앞서 논의한 바와 같이 자유주의는 개인의 자율적 선택을 중시하는 만큼 자유주의자들의 사회는 그 성원들의 삶을 고양시키는 다양한 자발적 연합체(voluntary associations)가 번성하는 시민사회적 공간이라고 할 수 있을 것이다. 이 이상을 넘어 자유주의적 공동체에 대한 구체적 논의를 하기는 어려울 것이나, 다양한 공동체를 구성하는 과정에 있어 성원들의 인권과 개인적 자유가 존중된다는 점이 더 중요하며 이 같은 기본 요건이 충족되는 한 다원적 공동체들 간에는 공존과 관용이 용납되는 것이다. 결국 강권에 의해 통제하지 않고 자유가 허용되는 한 자유주의 사회는 다원주의(pluralism) 사회로 전개해 가리라 추정할 수 있을 것이다.[9]

사회에 적용되는 것과 국가에 적용되는 것은 동일할 수가 없을 것이다. 사회는 공식적, 비공식적 연합의 영역으로서 거기에서는 여론이 어느 정도의 강제적 기능을 하게 될 것이나 자발적 연합의 여지가 큰 까닭에 사회는 소규모 공동체의 다원적 형태라 할 수 있다. 이에 비해 국가는 본질적으로 강제적 제재에 의한 결합체로서 그 본질상 경쟁자나 대안이 존재하지 않는다. 자유주의 국가는 법의 지배에 의거해 작동할 것은 말할 필요가 없으며, 시민들은 그

9) Alan Ryan, “Liberalism”, p.305.

대응에 있어 가능한 한 최소한의 강제력을 이용하려 할 것이다. 그런데 문제는 자유주의가 어떤 특정한 형태의 정부를 지정하는지를 두고서 논의가 분분할 수 있을 것이다.

자유주의는 역사적으로 한때는 민주주의(democracy)에 의해 위협을 받았고, 다른 때에는 민주주의를 함축하는 것으로 생각되기도 했다. 자유주의가 취할 수 있는 국가는 우선 입헌적 정부라 할 수 있다. 특별한 경우를 제외하고 법의 지배라는 요구조건은 정부가 권력을 취득하고 그것을 시행하는 방식에까지 확대 적용된다. 그런데 자유주의와 민주주의 간의 관계는 더 이상의 분석이 요구된다. 민주주의에 다수결의 문제가 불가피하다면 다수자가 자유주의적 입장을 수용할지의 여부는 우연적인 문제이다. 수용할 경우는 자유민주주의가 성립할 것이지만 그렇지 않을 경우 자유주의는 성립할 수가 없는 것이다. 여기에서 자유주의나 민주주의 조정에 대한 각종 입장과 전략이 요구된다. 다수의 권위를 제한하는 한에서 이상의 방책들은 본질적으로 비민주적인 것이 될 수도 있다. 민주주의가 다수의 횡포가 되지 않기 위해서는 중장기적인 교육 프로그램과 전략 또한 요구된다.[10)]

지금까지 우리는 자유주의 친화적인 입장들, 자유주의 성립을 도운 동지적 입장들 내지는 각양의 자유주의자들이 부분적으로 공유하는 가족유사성의 범주에 포함될 수 있는 입장들을 살펴왔다. 대체로 이러한 입장들에는 개인주의, 합리주의, 다원주의, 나아가 계약주의, 민주주의 등을 열거할 수 있을 것이다. 그런데 우리가 자유주의를 이해하는 방식은 자유주의 친화적인 입장을 열거함으로

---

10) 위의 논문, p.307.

써 뿐만이 아니라 자유주의가 거부하는 바 자유주의 적대적인 입장을 알아봄으로써도 가능할 것이다. 자유주의의 최고 가치인 자유가 자유를 구속하는 각종 장애를 통해 이해되듯 자유주의의 역사도 그에 적대적인 이념들과의 대립을 통해서 더욱 잘 이해될 수가 있을 것이다.

이런 관점에서 자유주의의 연속적 역사를 이해하는 한 가지 방식은 모든 형태의 절대적 권위에 대한 지속적인 저항(anti-absolutism)으로서의 자유주의에 주목하는 일이다.[11] 오랜 역사를 거치면서 자유주의자들의 한결같은 관심사는 절대적이고 자의적인 권력에 저항하는 일이었다. 시민사회적 관점에서 자의적인 절대권을 거부했던 로크로부터 나치 독일이나 스탈린주의 러시아의 전체주의적 체제에 대한 20세기 자유주의자의 혐오에 이르기까지 자유주의자들은 자의적인 권위를 용납하거나 관용할 수 없다고 판단했다. 절대권력에 대한 자유주의적 저항의 배후에 깔린 이념 중 한 가지는, 정치적 권위는 종교적이거나 계층적, 인종적 목적이 아니라 순전히 인간의 현세적 목적을 더욱 합리적이고 효율적으로 충족시키기 위해 존재한다는 점이다.

나아가 자유주의가 지향하는 현세적 목표의 내용은 정치적 권위의 지배를 받게 될 모든 인민들의 견해에 귀기울임으로써만 결정될 수 있다는 것이다. 이는 자유주의가 모든 인간이 날 때부터 자유롭고 평등하다는 주장을 그 도덕적 논거로 삼고 있음을 의미한다. 정치권력의 자유주의적 정당근거를 이루는 또 한 가지 요소는 현대 자유주의의 반전체주의적 에너지의 대부분을 제공한 것으로서 자

11) 위의 논문, pp.297-298 참조.

유롭고 평등한 개인들은 그러한 자유와 평등을 정치제도는 물론이고 법 체제 속에서 인정받아야 한다는 점이다. 인간은 자유로이 자신의 목적을 위해 결사를 조직할 수 있으며 다양한 사회적, 경제적, 지적 활동에 가담할 수 있다는 것이다.

자유주의적 전통에 관류하는 절대주의에 대한 저항과 대립은 또 다른 하나의 기원을 갖는다. 이는 자유주의가 현세적 권위와 종교적 권위의 혼동에 적대적인 입장을 취하는 것과 관련되며 자유주의가 양심의 자유나 권리에 집착하는 점과도 관련된다. 정치적 맥락에서 사용되는 바 '자유주의적'(liberal)이라는 말은 사실상 19세기 유럽에서 반-신정주의(anti-theocracy)의 맥락에서 처음으로 사용되었던 것이다. 따라서 자유주의는 교회와 국가를 분리하고자 한 19세기적 유럽사상과 연관되며 가톨릭 교회가 더 이상 가톨릭을 신봉하는 나라의 정치에 영향력을 행사하지 못하게 하려는 것이었다. 논변의 핵심은 종교적 관용을 옹호하고 종교적 독점에 저항하는 논변이었던 것이다.[12)]

정치적 전제주의(despotism), 신정주의(theocracy), 양자의 현대적 결합물인 전체주의(totalitarianism)에 대한 혐오는 긴 역사를 갖는다. 그런데 자유주의와 적대관계에 있는 세 번째 유형은 이에 비해 더 짧은 역사를 지닌다. 19세기 중반 이래 오늘날까지 자유주의의 한 흐름은 자본주의를 자유주의의 적으로 간주하고 있는데(밀, 듀이 등) 이는 자유주의의 역사에서 대단한 역전으로 규정될 수 있다. 19세기 초에 이르기까지 자유주의와 자본주의(capitalism)는 적대적인 관계가 아니었다고 말하는 것은 지나친 단순화가 아니라 할

12) 위의 논문, pp.299-300 참조.

수 있기 때문이다.

인간은 사상에 있어서도 자유와 자율을 향유해야 하지만 노동에 있어서도 자유와 자립의 기반에 서야 한다. 개인들이 이같이 자신의 두 발로 서서 자유, 자율, 자립을 누리고 그에 대해 책임을 질 때, 사회도 발전하고 경제적인 번영도 기대할 수 있다고 할 수 있다. 이렇게 볼 때 사유재산제도에 바탕한 자본주의가 자유주의와 원천적으로 적대관계에 있을 이유는 없다. 그러나 사유재산은 이롭게 쓰일 뿐만 아니라 억압적으로 이용될 수 있음도 사실이다. 상당한 재산을 가진 기업가의 자유와 아무것도 갖지 못한 노동자의 협상력 간에는 깊은 갈등이 있게 된다. 19세기를 통해서 억압적으로 오도된 정부로부터 재산가나 기업가를 해방시킬 필요와 더불어 자본가의 폭력으로부터 노동자나 소비자를 해방시킬 필요가 있다고 느끼게 되었다.

밀은 현대 일용 노동자는 고대의 노예와 진배없이 직업 선택의 자유를 누리지 못하고 있음을 알았다. 바로 그런 정신에서 그는 노동자가 힘의 균형을 디소니미 회복하게 하기 위해 조합의 결성권을 옹호했다. 그린이나 홉하우스는 이로부터 더 나아가 말하기를 자본주의는 술 마시는 관행의 유포를 통해 피해자들의 건강과 자존심을 파괴하는 즉, 일반인들에게 일종의 도덕적 폭력을 행사한다는 것이다. 신자유주의는 영국이나 미국의 예에서 보듯 갖가지 적극적인 야심도 가졌지만 노동자가 자본가의 힘으로부터 해방될 필요가 있다는 부정적 견해도 가졌다.[13)]

이미 살핀 바와 같이 자유주의는 반전제주의적이고 반독단주의

13) 위의 논문, pp.302-303 참조.

적이며 20세기적 전체주의와도 적대적인 것이다. 그러나 고전적 자유주의와 현대적 자유주의 간에 긴장이 있듯, 친자본주의적 자유주의와 반자본주의적(anti-capitalist) 자유주의 간에도 동일한 긴장관계가 나타난다. 그래서 대부분 자유주의자가 복지국가라는 목표를 추구하되 제한적이고 합법적인 정부의 존재를 위협할 정도에까지 나아가지 않듯 자본주의적 경제의 운용을 제한하되 계획경제의 수준으로까지 나아가지는 않는다고 할 수 있다. 어떻든 자유주의는 자유에 대한 위협에 적대적인 만큼 시대에 따라 상이한 양상으로 나타나게 되고 따라서 다양한 유형의 자유주의가 있게 되는 것이다. 이상과 같이 우리는 자유주의가 정치적 절대주의, 종교적 독단주의, 소유적 자본주의와 대립하는 가운데 성장, 진화해 온 정치이념임을 확인하게 된다.

4. 자유체계의 극대화와 소유관

자유주의의 핵심과 맞닿아 있으면서도 다양한 자유주의를 차별화하는 한 가지 포인트는 그러한 자유주의가 어떤 소유체계를 지지하는가이다. 소유체계와 관련하여 자유주의를 논하게 될 경우 자칫 추상적인 공리공담으로 흐를 우려가 있는 자유주의 담론이 더 구체적인 지반 위에서 수행되는 실사구시적 담론으로 전환될 것이며 종국에는 소유체계와 연관된 정책대결로의 문을 열게 된다고 본다. 헤겔도 지적했듯 소유는 자유의 사회적 인정(recognition)을 함축하며 현실적 기반을 의미하기 때문이다. 정당화될 수 있는 소유체계에 대한 물음이 전제될 경우 합당한 임금체계, 합당한 상속과 증여

체계, 합당한 세금체계 등도 의미 있게 논의될 수 있을 것이다.

목적가치는 자유이고 지향하는 목표가 자유의 극대화라면 소유나 소유체계는 그러한 목적이나 목표를 효율적으로 달성해 줄 수단이나 도구라 할 수 있을 것이다. 개인에 있어서는 자신의 자유를 극대화하는 것이 목표일 수도 있겠지만 사회나 국가는 특정 개인이나 계층의 자유가 아니라 성원 모두의 자유를 극대화하는 것을 목표로 삼아야 할 것이다. 나아가 자유 또한 단일한 개념이기보다는 다양한 자유의 체계로 이루어진 꾸러미 개념(bundle concept)이라 생각할 경우 결국 자유주의 이념의 정치적 목표는 성원 모두의 자유체계의 극대화가 될 것이며, 이를 가장 효율적으로 달성해 줄 소유체계를 모색하는 일이 정책적 과제가 된다 할 것이다.

자유주의에 대한 이해방식도 갖가지이며 자유주의자들이 비판의 표적으로 삼는 것도 다양하기는 하나 이들에 있어 공통되는 한 가지 요소는 개인이나 집단의 자유(liberties)에 대한 관심이라 할 수 있을 것이다. 그런데 자유주의를 더욱 체계적으로 해명하고자 하는 또 다른 접근방식이 있을 수 있는데, 이에 따르면 문제의 자유들은 인간이 가진 권리(rights)에 대한 일정한 견해에 근거를 두고 있다는 것이다. 옹호할 만한 인간의 권리체계가 함축하는 바를 고려함으로써 자유의 적절한 목록이 제시될 수 있다는 입장은 로크와 칸트에서 비롯하는 자유주의적 전통을 이루고 있다. 이에 따르면 자유주의적 입장은 인간의 권리가 무엇인가에 대한 견해에 기초하고 있으며 특정한 자유체계에 대한 옹호는 바로 그런 권리귀속에 대한 옹호가 된다는 것이다.

가능한 일련의 권리 중 자유주의가 전제로 하는 가장 합당한 인간의 기본 권리는 자기 소유권(self-ownership)이다. 자기 소유권은 일반적인 사유재산권과 더불어 통제권(right of control)이라는 한 가지 특성을 공유하고 있다. 이 점에 있어서 사람들이 자기 인신에 대해 갖는 통제권과 소유자가 자신이 소유한 재산에 관한 통제권 간에는 명백한 유비관계가 있으며, 두 경우 모두에 통제권이 존재한다고 전제할 경우 우리는 권리의 행사로부터 생겨나는 상황에 정당성이 부여된다고 믿는다. 그러나 자신의 인신에 대한 통제권을 인정한다고 해서 그로부터 사유재산권 개념에 내포된 일련의 특정 통제권을 인정하는 것으로 나아가는 단순한 논변이 성립한다는 것은 아니다. 자유주의의 적절한 근거로서 자기 소유권에 대한 인정이 강한 사유재산권(strong property rights)을 거부하게 한다는 것을 입증하는 것은 더 규명되어야 할 논점들 중 하나인 것이다.[14)]

사람들이 마땅히 지녀야 할 자유는 모든 이의 자기 소유권이 존중될 경우 그들이 갖게 될 자유이다. 사람들이 이러한 권리를 갖는다는 것은 우리에게 직관적인 호소력이 있는 것으로 보이며, 대부분의 도덕적 논의의 기저에 깔린 가정으로 전제된다. 우리가 법적으로나 도덕적으로 금지된다고 믿는 대부분의 행위는 바로 자기 소유권이 존중될 경우 금지되어야 할 행위들인 것이다. 나아가서 우리는 우리에게 그러한 행위가 금지되는 이유 또한 자기 소유권을 통해서 생각하게 된다. 그러나 이러한 권리가 설득력이 있다고 해서 그에 대한 정당화가 생략되어도 좋을 이유가 되지는 않는다. 마르크스주의나 롤즈에 대한 일부 해석자를 비롯해서 이러한 전제를 받아들이지 않는 자들이 있는 것은 사실이나 우리는 본 논문에서

14) D. A. Lloyd Thomas, *In Defense of Liberalism*(Basil Blackwell, 1988), p.9 참조.

그러한 권리가 자유주의자들이 공유하는 전제로 가정하고서 논의를 전개해 가고자 한다.

지금까지 우리는 자유주의자들이 내세우는 다양한 자유의 근저에 자기 소유권이 전제되고 있음을 보았다. 다음에 우리는 이러한 자유와 자기 소유권이 세계 소유권(world ownership), 즉 세계의 각종 자원들에 대한 소유권에 대해 어떤 함축을 갖는지 살피고자 한다. 우선 자기 외부의 일부 사물까지 통제할 권한을 갖지 않고서 자기 소유권을 옹호한다는 것은 무의미할 것으로 보인다. 자기 외부에 있는 물질세계의 일부를 이용하거나 처분할 수 없으면서 우리가 수행할 수 있는 행위는 거의 존재하지 않는다. 심지어 철학적 명상을 하기 위해서도 우리는 명상하는 그곳에 존재할 권리를 가져야 한다. 따라서 물질세계의 일부에 대한 통제권을 결여할 경우 자신에 대한 통제권을 부여한다는 것은 무의미한 일이다.[15] 자기 신체의 외부에 있는 물질세계에 대한 통제권이 없다면, 선택을 보장하는 권리를 개인에게 배정한다는 것이 무슨 의미가 있을 것인가?

나아가서 대부분의 경우 자기 소유권만으로부터는 자유주의의 특징적인 자유의 체계를 제대로 끌어낼 수 없다는 점에도 주목해야 할 것이다. 우리는 또한 자기의 외부에 있는 사물을 이용할 권리도 가정해야 한다. 밀이 제시한 자유의 체계 중 생각과 느낌의 자유, 소견과 감정의 자유는 어떤 곳에 존재할 권리 이외에 다른 외적 사물을 이용할 권리를 특별히 요구하지 않는다. 그러나 언론과 출판의 자유와 결사의 자유, 나아가서는 거주 이전의 자유는 어떤가?

15) G. A. Cohen, "Self-Ownership, World-Ownership and Equality: Part II", *Marxism and Liberalism*(Basil Blackwell, 1986), p.86.

결사의 자유는 뜻을 같이하는 자들이 모일 적절한 장소에 있을 권리를 전제하며, 이동의 자유는 땅을 밟고 길을 갈 수 있는 권리를 전제하는 것이다.

그런데 이런 식의 생각은 개인의 자기 소유권뿐만 아니라 외부의 물질적 사물에 대한 통제권을 필요로 한다는 점을 보여주기는 하나, 그것이 곧바로 개인이 사유재산권을 필요로 한다는 것을 입증한다고 말할 수는 없다. 이런 자유들 중에는 오히려 사유재산이 장애가 되어 바람직하지 않은 경우도 있다. 예를 들어 만일 모든 땅이 사유화되어 있다면, 우리는 아무도 자기가 소유한 땅 이외에는 이동의 자유를 갖지 못하게 될 것이다. 그럴 경우 다른 곳으로 이동할 권리는 나아갈 땅의 소유자 모두의 동의를 얻는다는 조건에 의해 제약될 것이기 때문이다. 따라서 통행권에 필요한 땅은 그 누구의 사유재산이 되어서는 안 된다는 결론에 이르게 된다.[16)]

하지만 이상과 같은 점이 사실이라 할지라도 자기 소유권에 기초한 자유주의적 관점에서 볼 때 적어도 어떤 사물에 대해서는 개인의 사유재산권을 옹호할 근거가 있다고 생각된다. 만일 사람들이 집단 소유권(collective ownership rights)의 행사를 통해서만 어떤 것을 이용할 권리를 갖는다면, 집단적 소유자들로부터 동의를 얻어내야 한다는 조건이 전제된다. 따라서 개인은 그런 재산을 이용하는 한에서 자기 마음대로 살 수 있는 자유를 누릴 수 없으며, 그런 점에서 이런 체제는 개인의 사유재산을 허용하는 체제와는 다른 면에서 자유에 대한 제한을 부과하게 되는 것이다.[17)]

---

16) D. A. Lloyd Thomas, *In Defense of Liberalism*, p.86.

17) G. A. Cohen, "Self-Ownership, World-Ownership and Equality: Part II", p.85.

지금까지 우리는 자유주의의 기본 전제로서 자기 소유권 및 그와 관련된 세계 소유권에 대한 논의를 해왔다. 그런데 자유주의라면 일반적으로 우파적 이념과 결부되는 입장으로 이해되고 있으나, 우리는 앞에서 규정한 자유주의는 마르크시즘에 대한 어떤 해석과도 양립 불가능한 것이 아니라는 점에서 좌파적 자유주의의 함축에 대해서도 논의하고자 한다.[18] 앞서 논의된 바와 같이 자유주의는 그 전통적인 의미들 중 하나를 이념화할 경우 각자는 자기 자신에 대해 완전한 소유권을 갖는다는 입장으로 규정할 수 있다. 그는 타인을 상해하지 않는 한 자신의 원하는 바를 행할 수 있는 권리를 지닌다. 그런데 주지하다시피 R. 노직이 대변하는 우파적 자유주의는 그러한 전제와 더불어 자기를 소유하는 사람은 외적 자원의 불평등한 소유에 대해서도 마찬가지로 강한 사적 소유권을 갖는다고 말한다. 이에 비해서 좌파적 자유주의는 자기 소유권의 전제를 가정하면서도 외적 자원의 집단 소유를 내세우거나 H. 슈타이너 등과 같이 외적인 자원에 대해 평등주의적 입장을 제시한다.[19]

마르크스주의를 좌파적 자유주의로 해석하려는 시도에 무리가 없는 바는 아니나, 적어도 두 가지 관점에서 마르크스주의는 위에서 규정한 바의 자유주의를 반드시 거부할 필요가 없을 것으로 보인다. 그 중 하나는 자본주의적 부정의에 대한 비판과 관련되는데, 이에 따르면 자본가들에 의한 노동자의 착취로 인해 노동자들은 물질적 생산자원을 소지하지 못하며, 따라서 그러한 자원에 대해 계

18) 위의 논문, p.78.

19) 위의 논문, p.79. Hillel Steiner에 대해서는 “The Natural Right to the Means of Production”, *Philosophy and Public Affairs*, vol. 10 no. 4(Fall 1981) 참조.

급적 독점을 향유하는 자본가들에게 그들의 노동력을 팔 수밖에 없다는 것이다. 따라서 마르크스주의자들에게 자본주의의 부정의는 외적 사물에 대한 권리와 관련된 불공정의 문제이며, 결국 이러한 비판은 자기 소유라는 자유주의적 입론을 거부할 근거가 되지 않음은 물론 오히려 자기 소유권에 의거한 비판으로 해석될 여지를 남기는 것이다.

또 한 가지는 제시된 이상적 사회의 성격과 관련된 것으로서 마르크스주의적 공산사회에서는 외적 자원이 공유되고 있으며, 그로 인해서 개인은 자신에 대한 효율적인 주체가 되고, 따라서 자신을 온전히 실현한 자유롭고 자율적인 존재가 되는 것이다. 또한 상당한 정도의 풍요는 일부 인간의 재능을 다른 사람들의 행복을 위해 희생시키는 일도 불필요하게 한다는 것이다.[20] 그런데 이상과 같은 자본주의적 착취에 대한 비판과 집단적 소유나 공산주의적 평등의 옹호에 입각한 좌파적 자유주의의 대안적 체제는 또한 각자가 자신을 지배하는 온전한 주체가 되는 일을 무의미하게 하거나 불가능하게 하며, 이는 결국 평등주의자로서 마르크스주의자들이 자기 소유의 이념을 포기할 수밖에 없는 결과에 이르게 한다. 따라서 자기 소유권과 외적 자원의 평등 내지 집단 소유를 결합시키려는 마르크스주의자들의 시도는 실패할 수밖에 없는 무리한 시도임을 보이고자 한다.

여기에서 우리는 중도적 자유주의자(?)로서 롤즈의 정의론이 정의로운 기본 구조에 있어서의 재산권과 관련해서 무엇을 함축하는 것인지 알아볼 필요가 있다. 특이하게도 롤즈는 이 점에 관해서 그

20) 위의 논문, pp.79-80.

리 분명한 입장을 밝히지 않은 채 그러한 문제와 관련된 논의에 도움이 되는 몇 가지 일반적인 점만을 시사하고 있다. 우선 그는 자유시장체제와 생산수단의 사적 소유 간에 어떤 본질적 관련도 없다고 주장한다. 따라서 시장체제는 사회주의적 제도, 특히 국가나 사회집단이 모든 생산자원을 소유하는 사회적 소유 형태와 온전히 양립 가능하다고 본다.[21] 사실상 롤즈는 정의로운 기본 구조가 노동자에 의해 관리되는 형태의 시장경제에 의해서도 구성될 수 있음을 암시하고 있다.

그러나 한편 롤즈는 이상과 같이 자신의 정의원칙이 체제에 대해 중립적인 것임을 시사하면서도 다른 한편 분배정의의 배경적 제도를 자본과 자연 자원의 사적 소유를 허용하는, 적절히 조직된 민주국가의 관점에서 예시하고 있기도 하다. 물론 이러한 맥락에서도 개인의 사적 소유권은 지나친 재산 축적에 한계를 두게끔 제약받게 된다.[22] 롤즈는 증여에 대한 제한조건과 더불어 자본 소득과 재산 상속에 대한 특별 과세를 제안한다. 이러한 절차들에 일관된 기본 목표는 재산의 광범위한 분포를 조장하여 평등한 자유의 공정한 가치(fair value of liberties)가 유지되기 위한 필수조건을 확보하려는 것이다. 달리 말하면 이러한 목표는 특히 정치적 자유의 공정한 가치를 보장하기 위한 것으로서 이들 자유가 유린될 경우 누적적인 부정의가 산출된다는 점에 근거하고 있다.[23]

이상과 같이 살펴볼 때, 우리는 롤즈의 입장이 다양한 해석의 여지를 허용하는 불확정성을 내포하고 있다는 느낌을 갖게 된다. 다

---

21) John Rawls, *A Theory of Justice*, sec.42 참조.

22) 위의 책, sec.43 참조.

23) 위의 책, p.226.

시 말하면 재산권의 정당화 문제와 관련하여 롤즈의 정의론은 상충하는 여러 입장을 지지할 수 있는 이론이라는 생각이 든다. 롤즈를 자유주의적으로 해석하는 자는 롤즈의 관점에 서서 사회주의적 소유양식에 반대할 것이며, 사유재산권에 대한 최소한의 제약만을 옹호하려 들 것이다. 개인의 소유권이 노직의 주장에서와 같이 절대 불가침의 것은 아닐지라도 사적 소유권은 정의의 제1 원칙이 보장하는 기본적 자유의 목록에 분명히 포함되어 있다고 본다. 따라서 설사 시장체제가 생산수단의 사유 없이도 효율적으로 작동할 수 있을지는 모르나, 그것이 생산수단의 사유를 폐기할 근거는 될 수 없다는 것이다. 오히려 이러한 기본 자유는 다른 자유들과 양립 가능한 한 최대로 보장받아야 하며, 제1 원칙의 우선성으로 인해 다른 어떤 명분으로도 재산권이 침해될 수 없다는 것이다.

그러나 좌파적 입장에서 해석하는 롤즈적 사회민주주의자들은 롤즈의 정의론을 좀더 면밀히 검토해 볼 경우, 그가 사유재산에 대한 기본적 자유를 생산수단이 배제되는 방식으로 규정하고 있다고 주장할 것이다. 롤즈는 (개인적) 재산을 소지할 권리에 대해서만 언급했을 뿐인 까닭에 생산수단의 사유제를 포기하는 것은 정의의 제1 원칙과 일관성을 갖는 것이 분명하다는 것이다. 그리고 실제로 사회주의적 소유체제가 제대로 구성될 경우 기본 구조의 정의를 더욱 증대시킬 수 있다고 본다. 롤즈는 상이한 기본적 자유들이 서로 조정되어 전반적 자유의 가장 광범위한 체계를 결과해야 한다는 점을 명시하고 있다.[24] 그런데 총체적 자유는 민주주의적 참여의 정치적 자유가 노동의 영역에까지 확대됨으로써 엄청나게 증대될 수

24) 위의 책, p.226.

있음이 명백하다는 것이다. 생산재의 관리와 의사결정에 노동자들이 참여함으로써 생겨날 자유의 총량은 사유재산권과 관련된 선택의 자유를 침해함으로써 잃게 될 자유의 총량을 훨씬 능가할 것이라는 게 사회민주주의자들의 주장이다.

여하튼 이상의 논의를 통해서 볼 때 기본 가치의 배분(결국은 삶의 기대치에 대한 배분)과 기본 구조의 재산 형태 간의 관련에 대해 롤즈의 정의론은 구조상의 불확정성(structural indeterminacy)을 함축하는 듯이 보인다. 그러나 재산권의 정당화에서의 이러한 불확정성은 분배정의의 관점에서 재산권을 보고자 하고, 따라서 재산권이 정의라는 목적에 의거해 조정되어야 할 수단적, 부차적 제도로 보고자 하는 롤즈의 특유한 입장에서 유래한 것이라 생각된다. 이런 의미에서 재산권과 관련된 정의론의 불확정성은 이론상의 결함으로서의 애매모호성이라기보다는 재산제도의 수단적 가변성으로 해석되어야 할 것으로 보인다. 따라서 재산권과 관련된 법적 제도는 정의의 원칙에 의거해서 자동적으로 도출되는 것이라기보다는 그러한 원칙이 구체적인 현실에 적용되는 과정에 있어 여러 가지 역사문화적, 사회경제적 매개 변수에 의해 달라질 수 있을 것으로 생각된다. 이런 관점에서 볼 때, 롤즈의 재산권론은 다양한 해석 가능성을 허용한다기보다는 다양한 적용 가능성을 갖는 정합적인 하나의 통일된 입장으로 해석되어야 하는 것이다.

앞에서도 밝힌 바와 같이 롤즈는 시장체제, 소비자 선호, 직업의 자유선택을 옹호하면서도 그에 상응하는 바 생산수단의 사유에 대한 특정한 입장을 내세우지 않고 있다.[25] 이는 달리 표현하면, 롤

---

25) 위의 책, pp.270-271, 300.

즈는 원리상 정의를 보장하는 경제체제를 옹호하고자 한다고 할 수 있다. 이러한 체제는 역사상 그 기본 요소로서 사유재산체제를 함축하고 있으나, 롤즈는 그러한 제도에 대한 확신이 없다. 그럴 경우 그의 이론은 사적 소유 없는 자본주의(capitalism without ownership)를 옹호하는 셈이며, 결국 소유의 문제는 의도적으로 미제로 남기고 있는 셈이다. 그래서 이미 논의한 대로 롤즈는 생산수단의 사유뿐만이 아니라 생산수단의 사회적 소유도 허용하고자 한다. 결국 그에 있어서 생산수단의 소유 문제는 어떤 체제가 차등의 원칙을 만족시키는가를 관찰함으로써 경험과학적으로 정해질 문제로 본다.[26] 사적 소유나 공적 소유 혹은 두 가지 혼합형 중 어떤 것이든 특정한 산업구조나 경제체제 내에서 차등의 원칙을 만족시킬 수 있는 까닭에 사유나 공유, 개인 소유나 집단 소유에 대해 롤즈는 원리상 불가지론적인, 따라서 개방적인 입장을 취하게 되는 것이다.

그에게 더욱 중요한 것은 어떤 소유 형태가 정당화될 것인가를 결정해 줄 원리를 제시하는 일이며, 기존하는 소유 형태가 이러한 기준을 충족시키는지 여부를 검토하고자 한다. 그에 의하면 생산수단의 소유제도는 기본적인 경제제도이기보다는 사회의 기본 구조 속의 배경적 제도 중의 하나이다. 사유 혹은 공유의 문제는 그것이 개인의 재능과 능력을 계발, 이용하여 재화나 용역의 생산성이 증대되는 결과를 조장할 경우에만 정당화된다. 따라서 소유제도는 증대된 생산성에 기여하는 바에 따라서 규정되며, 이는 결국 정의로운 소유 양태가 차등의 원칙에 의해 결정되는 것임을 의미한다. 롤

26) 위의 책, pp.273-274, 258-282, 271-274, 280-282 참조.

즈에 따르면, 소유제도는 정의롭게 질서 지워진 사회의 기본 구조에서 마지막으로 올려지는 벽돌에 비유할 수 있다. 이는 소유의 문제가 그 중요성에 있어서 사소한 것임을 의미하기보다는 그 제도가 언제나 규범적 평가의 관점에서 볼 때 개변의 가능성을 내포하기 때문이다. 소유제도는 다른 배경적 제도들과 더불어 차등원칙에 의해 측정되는 바 그 현실적 기여, 즉 사회적 재화의 생산력을 제고하여 최소수혜자의 삶의 기대가 극대화되는 결과에 따라 평가되는 것이라 할 수 있다.

결국 롤즈에 있어서 생산재의 특정한 소유 형태에 대한 기본 구조상의 권리는 없는 셈이다.[27] 사적 소유권이나 경영에 대한 개인의 기본권이 없는 것과 마찬가지로 공적 소유권이나 노동자가 경영에 참여할 기본권도 미리 정해져 있는 것이 아니다. 이런 점에 대한 롤즈의 입장은 개인의 재산 소유에 대한 그의 주장과 대조를 이룬다. 개인 재산에 대한 소유권은 정의의 제1 원칙에 포함된 기본권으로서 이미 보장된 기본적 자유이다.[28] 하지만 롤즈는 생산재의 소유 문제는 증대된 생산성의 측정 가능한 기여도에 의해 평가된다는 점에서 관리나 경영문제와 본질적으로 차이가 없으며, 따라서 소유도 경영과 같은 기준과 관점에서 의사결정이 이루어지고 평가되어야 한다는 것이다.[29]

---

27) John Rawls, "The Basic Liberties and Their Priority", *The Tanner Lectures on Human Values*, 3, pp.12, 53-54 참조.

28) J. Rawls, "Reply to Alexander and Musgrave", *Quarterly Journal of Economics*, 88(1974), p.640.

29) J. Rawls, *A Theory of Justice*, p.280.

5. 자유주의와 공동체주의의 상보

자유주의를 둘러싼 담론 중 뜨거운 논쟁을 불러일으키는 주제 중 하나는, 한 극단으로서 자유지상주의와 다른 한 극단으로서 평등지향적 자유주의로 이루어지는 자유주의의 다양한 스펙트럼 가운데 가장 합당한 자유주의의 유형을 모색하는 데서 생겨난다. 자유와 평등이라는 사회적 가치 중 자유를 최고의 가치로 추구하는 자유지상주의야말로 자유주의의 적자라고 생각하는 사람이 있는가 하면, 자유의 의미 있는 추구, 즉 실질적 자유를 향유하기 위해서는 평등에 관심을 갖지 않을 수 없다는 자유주의적 평등을 내세우는 사람도 있어 이들 간에 논쟁이 뜨겁게 전개되고 있다.

자유주의의 좌, 우 혹은 중도파 간에 벌어지는 이상의 정치이념적 논쟁에 못지 않게 최근 자유주의 담론에 있어 재연된 또 하나의 주제는 자유주의와 공동체주의 간의 논쟁이다.[30] 물론 이는 자유주의와 비자유주의적인 공동체주의 간의 논쟁으로 볼 수도 있겠으나, 신중한 공동체주의자들 역시 자유주의적 마인드를 공유하고 있는 것으로 해석될 경우 이 또한 자유주의 내부적 논쟁의 하나로 이해될 수 있으리라 생각된다. 뿐만 아니라 개체론에 기반한 고전적 자유주의가 헤겔, 마르크스 등 공동체주의자의 도전을 맞아 자유지상주의와 자유주의적 평등주의로 분화하고 근래에는 심지어 공동체주의적 자유주의로 진화하고 있음을 감안할 때 자유주의와 공동체주의 논쟁 역시 자유주의 담론의 중요 주제 중 하나라 할 만하다.

---

30) 황경식, 「왜 자유주의와 공동체주의인가?」, 이근식 · 황경식 편, 『자유주의란 무엇인가』(삼성경제연구소, 2001), pp.149-179 참조.

자유주의와 공동체주의 간의 논쟁을 바라보는 오늘날 우리의 이해방식은 서로 무시하기 어려운 두 가지 도덕적 직관 내지 신념 간의 갈등으로 다가온다. 그 중 하나의 직관은 근세적 체험을 통해 발견되었고, 자유주의를 중심으로 한 근대적 기획이 그 보전책을 지속적으로 추구하고 있는 바, 개인권(individual rights)이라는 가치이다. 다른 하나의 도덕적 직관은 단지 개인으로서가 아니라 공동의 삶 속에서 비로소 인간이 되고 인간의 의미와 보람을 갖게 된다는 공동선(common good)이라는 가치이며, 이는 또한 그것이 없을 경우 깊은 인간적 상실감과 소외감을 느낀다는 공동체주의적 요구의 원천이다. 따라서 우리의 과제는 우리가 공유하고 있는 이 두 가지 도덕적 직관 내지 신념을 정합적으로 통합시키는 방도를 찾는 일이 아닐 수 없는 것이다.[31)]

이런 관점에서 자유주의와 공동체주의 간의 논쟁을 개인주의와 공유된 가치관 간의 날카로운 구분으로 특성화하는 것은 현실적으로 논의되고 있는 문제의 지나친 단순화로 여겨진다. 각 진영은 이미 상대편의 중심 가치를 자신의 입장 속에 고려하고 있기 때문이다. 신중한 자유주의도 분명 어떤 공동의 책임과 공유된 가치관(shared values)이 바람직한 사회에 있어서 필수적인 요소임을 인정하고 있으며 신중한 공동체주의 역시 통합된 사회질서관 속에 진정한 개인성(individuality)의 여지를 남겨 두지 않을 수 없는 것이다.

자유주의와 공동체주의 간의 갈등과 조정의 문제를 아시아적 맥락, 나아가서는 한국적 맥락에서 논의하고자 할 경우 한 가지 짚고 넘어가야 할 문제는, 흔히 거론될 뿐만 아니라 당연시되고 있는 영

---

31) 위의 논문, p.160.

미를 비롯한 서구의 개인주의와 아시아적 공동체주의 간의 이원적 대립구도이다. 이는 동서를 비교함에 있어 우리가 흔히 의존하게 되는 개념틀로서 동서의 강점을 언급할 때뿐만이 아니라 동서의 약점을 논의할 경우에도 당연한 것으로 받아들이는 이해방식이다. 그러나 자유주의와 공동체주의의 상호 조정과 보완을 시도함에 있어 우리는 그러한 대립구도에 대한 재고는 물론 그 반대입론의 여지 즉, 서구의 공동체주의적 전통과 아시아의 개인주의적 요소에도 주목할 필요가 있을 것으로 생각된다.[32)]

우선 지적할 수 있는 것은 공동체주의적 요소가 서구 시민사회를 형성함에 있어 초석의 역할을 하고 있다는 점이다. 이에 대한 웅변적 증언은 영미에 있어 최근 하나의 사상적 주류를 이루고 있는 많은 학자들의 공동체주의에서 발견되며 이것이 개인주의의 아성으로 간주되어 온 미국을 진원지로 하여 전개되고 있다는 사실 또한 주목할 만하다. 사회학자 후쿠야마(F. Fukuyama)에 따르면 경제발전의 원동력은 근대적 합리성, 개인주의, 계약사상만에서는 나올 수 없으며 이를 넘어 전통으로부터 전래되는 도덕적 유산, 공동체감, 신뢰정신 등에 근원적 뿌리가 있다고 보며 이를 사회적 자본(social capital)으로 간주하고자 한다.

공동체주의자들은 자유주의적 개인주의가 철학적으로 부적절할 뿐만 아니라 미국의 전통에 대한 역사적 해석으로서도 잘못이라고 주장한다. 그들에 따르면 미국의 민주주의는 타운십, 근린 공동체, 교회, 자선단체, 클럽 등의 활발한 공동체 생활 등 사회참여의 장

---

32) Inoue Tatsuo, *Liberalism and Asia*, 김창록 옮김(부산대학교 출판부, 1999), III절 2항 "대립도식을 넘어서 — 리버럴 데모크라시의 아시아적 문맥", pp.197-215 참조.

이 되는 중간 공동체에 그 생명력을 의지해 왔다. 민주주의에는 공민적 덕성(civic virtue) 즉, 자신의 정치공동체의 공동선을 배려하고 그것을 실현하기 위한 공동의 토의, 결정, 실행의 과정에 자발적, 적극적으로 참여하는 사람들의 의지와 능력이 불가결한데 이러한 중간 공동체야말로 시민의 공민적 덕성을 배양하는 묘판이 되어 왔다는 것이다. 공동체론자가 공동체적 유대의 활성화를 창도하는 것은 개인주의적 시민사회상에 대항하여 공동체에 바탕한 시민사회상을 내세움으로써 민주적 전통을 회복하고자 한다는 의미에서 혁명적이기보다는 복고적 프로젝트라 할 것이다.[33]

후쿠야마는 『신뢰』(*Trust*)라는 자신의 저술이 경제활동을 검토함으로써 얻을 수 있는 가장 큰 교훈을 다루고 있다면서 그것은 "한 국가의 복지와 경쟁력은 하나의 지배적인 문화적 특성, 즉 한 사회가 고유하게 지니고 있는 신뢰의 수준에 의해 결정된다는 사실"이라 한다.[34] 그에 따르면 성공적인 공동체는 외적인 규칙과 규제에 의해서가 아니라 공동체 구성원에게 내면화된 윤리적 관습과 호혜적인 도덕적 의무감을 바탕으로 해서 형성된 문화공동체이며 바로 이 규칙이나 관습은 공동체의 구성원에게 신뢰의 터전을 마련해 준다는 것이다. 그에 따르면 장기적으로 볼 때 경제공동체의 내적 연대성이 더 유익한 결과를 가져온다는 것이며 공동체적 기질이 결여되어 있을 경우에는 경제적 기회가 주어지더라도 이를 활용할 역량이 없다는 것이다.

후쿠야마는 사회적 자본의 축적은 복잡하면서도 신비스러운 문

33) 위의 책, p.198.

34) Francis Fukuyama, *Trust — The Social Virtues & Creation of Prosperity* (The Free Press, 1995) 참조.

화적 과정이라고 전제한 뒤 역사적 종언에 즈음하여 출현한 자유민주주의는 그러므로 전적으로 근대적인 것만은 아니라고 한다. 민주주의와 자본주의 제도가 제대로 작동하려면 그 기능을 원활하게 해주는 특정한 전근대적인 문화적 관습이 병행되어야 한다는 것이다. 법률, 계약, 경제적 합리성 따위는 후기 산업사회의 안정과 번영을 위한 필요조건이기는 하지만 충분조건은 아니다. 그 밖에도 합리적 계산을 넘어 관습에 바탕을 둔 호혜성, 도덕률, 공동체에 대한 의무, 신뢰 등이 가미되어야 하며 이런 것들은 현대사회에 있어 시대착오적인 것이라기보다 그 성공을 위한 필수조건이라고 주장한다.[35)]

2항 대립구도에 대한 비판적 재고의 눈을 아시아 측으로 돌리면 개인주의적 요소가 아시아에 있어서도 소원한 이념이 아님을 발견하게 되며, 특히 유교의 전통은 개인의 주체성의 가치에 무지하였다고 단정하기에는 너무나도 풍요롭고 복잡함을 알게 된다. 중국사상 연구가 드 바리(W. de Bary)에 의하면 송명 대의 중국에서는 “지금까지 존재하지 않는 그러한 새로운 비판적 기질을 길렀을 뿐만 아니라 … 신유학 운동은 자유주의 교육과 자발적 정신을 강조하였으며 이는 독특한 개인주의의 기초가 되었다”고 한다. 나아가 그는 이 같은 개인주의적 자유주의의 경향을 사대부의 도덕주의를 넘어 그 제도화, 민중화를 시도한 황종희(黃宗羲)를 신유학적 자유주의의 완성된 하나의 전형으로 간주한다.

이 같은 신유학 해석에는 이론의 여지가 얼마든지 있을 수 있으나 정치권력의 도덕적 통제, 지도를 주요 임무로 하는 유교에는 도

35) 위의 책 참조.

덕적 불관용이나 체제적 권위주의에의 경향도 있는 반면 권력에 대한 비판정신, 불의에 맞서는 저항정신, 주체의 내면적 도야를 강조하는 경향도 내재해 있다. 이 양자 간의 역동적 관계로 인해 유교는 오랜 세월에 걸쳐 인류의 유산으로서 그 생명을 지켜왔다고 할 수 있다. 여하튼 유교가 본질적으로 반개인주의적인가 친개인주의적인가, 반자유주의적인가 친자유주의적인가를 논쟁하는 것은 그다지 의미가 없다. 중요한 점은 유교가 자신의 본질에 대해 분열, 대립하는 해석 사이의 갈등과 경쟁을 통해 발전되어 왔다는 것, 그리고 이 전통의 내적 다양성은 드 바리의 리버럴한 해석에도 개방될 정도로 풍요롭다는 것을 이해하는 일이다.36)

개인주의적 요소는 불교 속에도 유교 이상으로 농후하게 존재한다. 이미 불교의 전통 속에서 관용과 자유는 좋은 사회의 중심 가치로 강조되고 있으며 초월적 개인주의라 할 수 있는 것이 불교정신의 내부에 깊이 뿌리를 내리고 있음도 사실이다. 출가의 이념에도 함축되고 있듯 개인이 가족이나 세속 공동체의 굴레로부터 이탈 혹은 적어도 거기에 몰입하지 않고 자신의 힘으로 깨달음을 얻도록 정신의 내적 탐구에 정진하는 것을 이상으로 삼고 있다. 자기에의 귀의를 강조하는 점에도 나타나 있듯 초월적 진리추구를 위해 모든 사회적 권위나 속박으로부터 독립된 정신의 자율성을 지향하는 불교의 개인주의는 "너 자신을 알라"고 하는 소크라테스의 정신과도 통하는 바라 할 수 있다.37)

이상에서 우리는 개인주의적 서구와 공동체주의적 아시아라는 2

---

36) Inoue Tatsuo, *Liberalism and Asia*, pp.199-201 참조.

37) 위의 책, pp.201-202.

항 대립구도에 대해 여러 측면에서 비판적인 검토를 해왔다. 물론 여기에서 제시된 설명만으로 결정적인 설득력을 갖는 것은 아니나 종래에 통용되어 온 2항 대립구도가 자명한 것만은 아니라는 점이 분명할 것으로 보인다. 나아가 이 점은 아시아에 있어서 자유주의나 민주주의의 수용 가능성에 있어서도 상당한 함축을 가질 것으로 사료된다. 다시 말하면 자유민주주의의 아시아적 수용이 원천적으로 장애가 있다는 통념은 재고될 여지가 있다는 점에 주목해야 할 것으로 생각된다.

2항 대립구도를 비판적으로 재고함에 있어 우리가 제시하고자 하는 바는 개인주의와 공동체주의의 긴장이 서구와 아시아 사이에 있기보다는 양편 각각의 내부에 모두 관류하고 있다는 사실이다. 개체와 공동체의 갈등, 긴장은 말하자면 인간사회의 보편적인 고뇌이며 그것으로부터 자유로운 사회는 존재하지 않는다. 확실히 개인주의적 요소와 공동체주의적 요소의 관련성이나 상대적 역할은 시대와 사회에 따라 다르고 그것이 시대적, 사회적으로 상이한 문제상황을 결과한다고 할 수 있다. 따라서 자유민주주의가 개인주의에 바탕을 둔다는 명제를 수용한다 할지라도 아시아가 비개인주의적 전통 위에 서 있어 자유민주주의의 수용이 불가능하다는 주장은 무리를 범한다고 할 수 있다.[38)]

더욱이 자유민주주의가 개인주의적 바탕 위에 서 있다는 명제 또한 유보 없이 받아들이기 어렵다. 적어도 자유민주주의의 민주적 계기는 현대의 공동체주의자가 제시하는 것처럼 공동체주의적 요소와 밀접하게 결합되어 있는 것이다. 민주주의는 공민의 덕성을

38) 위의 책, p.206.

도야하는 다양한 중간 공동체를 활력의 원천으로서 필요로 하며 또한 자신의 사회에서 공동체와의 동일화는 그 사회의 정치적 결정과정에 민주적 참여과정을 통해 배양되기 때문이다. 이같이 생각할 때 아시아의 공동체주의적 요소는 민주화의 저해요인이기보다는 촉진요인이 될 수 있다. 나아가 개인들의 공동체적 덕성 즉, 공동선을 배려하는 책임감을, 연고주의를 넘어 사회적 문맥에서 발전시키고자 한다면 아시아 국가들은 민주화를 필요로 한다는 점이다.

현대 자유주의의 스펙트럼과 한국사회의 보수와 진보

| 김 비 환 | 성균관대 |

1. 머리말

이 글의 목적은 두 가지이다. 첫째는 현재 자유주의의 철학적, 이론적 분화와 정치 이데올로기적 스펙트럼을 조명해 보는 것이며, 둘째는 이에 입각하여 현 시기 한국사회의 정치지형을 자유민주주의의 보수적 해석(및 실천) 대 진보적 해석(및 실천)의 경쟁구도로 재구성해 보는 것이다.

현대 자유주의는 17세기 서유럽에서 발원하여 강력한 경쟁자들을 물리치면서 오늘에 이르고 있다. 보수주의, 파시즘 그리고 사회주의와 같은 막강한 경쟁자들이 자유주의의 행보를 가로막았지만, 패배하거나 후퇴한 것은 자유주의가 아니라 그들 경쟁자들이었다.

자유주의에 대한 가장 위협적인 대안이었던 사회주의 체제의 붕괴는 이제 자유주의의 진로를 가로막는다는 것이 얼마나 무의미하고 무모한 일인가를 일깨워주고 있을 정도이다. 비록 근대문명의 근원적 한계를 폭로한 포스트모더니즘의 확산으로 토착적인 전통문화가 활발히 복구되고 자유주의 문화의 헤게모니에 대한 약소 문화들의 대항이 다(多)문화주의적인 상황을 빚어내고 있긴 하지만, 어떤 면에서는 다문화주의적 상황이 오히려 자유주의의 현실적인 성공을 더욱 공고히 하는 듯한 느낌마저 주고 있다. 왜냐하면, 다양한 문화의 평화적 공존은 냉전시기 자유주의의 배타성과 억압성이 지양된 진정한 자유주의 질서의 도래를 의미하는 것처럼 보일 수도 있기 때문이다. 한 걸음 더 나아가 자유주의는 포스트모더니즘의 도전을 재빨리 수용하여 '포스트모던 자유주의'(postmodern liberalism)로의 새로운 진화를 꾀하기도 했다(Rorty, 1991, pp.197-202). 그리하여 자유주의는 마치 각종 항생제에 적응한 슈퍼박테리아처럼 자신을 위협하는 외부 세력들의 힘이 강하면 강할수록 자신을 더욱 더 강하게 키워 가고 있는 것처럼 보인다.

하지만 이처럼 인상적인 대외적 성공과는 달리 정작 자유주의 사회는 심각한 내부 문제들로 인해 불투명한 미래에 직면해 있다. 극심한 빈부격차, 가정, 학교, 교회와 같은 전통적인 공동체들의 해체와 책임의식의 상실, 범죄의 창궐, 종교적 근본주의와 연계된 테러의 빈발, 물질주의의 만연과 생태환경의 위기, 만성적인 재정적자와 고실업, 고령화 및 국내·외적 상황변화에 따른 복지안정망의 축소 또는 부실화, 회의주의적인 지적 분위기 등, 외부의 적들에 못지 않은 까다로운 적들에 맞서느라 허우적거리고 있다.

그런데 자유주의의 대외적 성공과 대내적 위기의 심화라는 동시

발생적인 두 현상 사이에는 우연의 일치 이상의 상관성이 있는 듯 하다. 자유주의가 사회주의와 건곤일척의 승부를 겨루었던 냉전시대에는 자유주의 사회의 내부 문제들은 그 긴급성이나 중요성에 있어 이차적인 것으로 간주될 수밖에 없었다. 생사를 건 체제 경쟁하에서 내부의 갈등과 혼란은 적에게 체제의 약점과 치부로 인식될 수 있었고, 따라서 잠재화되거나 최소화될 필요가 있었다. 미국의 민족주의와 매카시즘은 그런 잠재적 분열과 갈등을 봉쇄하기 위해 동원되었던 주된 이데올로기적 무기였다.

하지만 닉슨의 핑퐁외교로 상징화되는 데탕트 분위기의 확산은 몇 가지 의미심장한 현상들과 함께 자유주의 사회 내부의 갈등과 분열을 증폭, 표면화시키면서 자유주의의 내적 분화를 촉진하기 시작했다. 데탕트 분위기로부터 시작하여 사회주의 체제의 붕괴로 일단락된 냉전체제의 종식, 복지국가 체제의 후퇴와 신우익 — 신자유주의와 진보수주의 등 — 의 등장, 포스트모던적 다문화주의의 대두, 신자유주의적 세계화 등 서로 중첩된 일련의 사건 혹은 사태들은 자유주의 사회 내부의 갈등과 분열을 심화 내지 표면화시킨 중요한 원인 또는 배경이 되었다. 여기에 자유주의 전통을 형성해 온 다양한 이론적 자원들 — 로크, 칸트, 벤담, 밀, 그리고 반(反)자유주의적으로 알려져 온 아리스토텔레스를 포함하여 — 에 대한 연구가 축적, 접합되면서 자유주의는 비교적 분명하게 확인할 수 있는 다양한 흐름들로 분화되기에 이르렀다.

자유주의의 스펙트럼을 이해하는 데 있어 이상의 배경 혹은 사건들은 대단히 중요하다. 그 이유는 그런 배경에 대한 인식과 대응방식의 차이에 따라 다양한 자유주의적 입장들의 정치 이데올로기적 위상이 다르게 설정되기 때문이다. 예를 들어, 복지국가의 위기는 그 위기의 원인과 개혁 방향에 대한 상이한 견해들의 구성을 자극함으로써 자유주의의 내적 분화를 촉진, 자유주의의 이데올로기적 스펙트럼 형성의 체제적 토대가 되었다. 그리하여 복지국가를 합리적으로 수정하여 유지하고자 했던 복지 자유주의자들과, 시장 중심적인 법치주의적 최소국가로 개혁하고자 했던 신우익 세력의 대립 구도를 형성하는 데 기여했다.

마찬가지로 현실 사회주의의 붕괴 및 탈사회주의 추세는 '자유주의 대 사회주의'라는 전통적인 이데올로기적 이분법을 해체, 사회주의를 '자유주의의 급진화'라는 관점에서 재해석할 수 있는 배경을 제공함으로써 자유주의의 이론적 분화를 가속시켰다(Laclau and Mouffe, 1985; Laclau, 1994). 신자유주의적 세계화 또한 빈부격차를 확대시켜 자유주의를 상이한 계급적 이해관계에 맞게 재해석할 수 있는 여건을 조성했다.

포스트모더니즘 역시 자유주의 사회에 존재하는 다양한 문화집단들의 고유성에 관심을 환기시킴으로써 집단들 사이의 민주적 합의를 강조하는 자유주의 이론의 형성을 자극했다. 그리고 자유주의의 내적 분화는 자유주의 사회의 불만과 갈등들이 자유주의의 잘못된 인식론, 존재론 및 방법론에서 비롯되었다고 비판한 공동체주의자들과의 논쟁으로부터도 영향을 받았다.

이처럼 자유주의 전통 내에서의 이론적, 정치 이데올로기적 분화는 정치, 경제, 사회, 문화적 상황변화에 따른 자유주의자들의 상이한 대응 및 자유주의 내부의 논쟁 그리고 공동체주의자들과의 논쟁을 통해 촉발되고 가속되었으므로, 자유주의의 내적 분화가 갖는 실천적, 이론적 함의는 그런 상황과 논쟁을 배경으로 해서만 적절히 이해될 수 있을 것이다. 하지만 이 글의 주된 목적이 자유주의의의 정치 이데올로기적 스펙트럼을 구성해 보는 것인 만큼, 필자는 자유주의의 내적 분화의 한 측면을 정치 이데올로기적 스펙트럼 위에 펼쳐 보이고, 그 스펙트럼이 한국의 진보주의와 보수주의를 이해하는 데도 유용할 수 있는가를 검토하는 것에 논의를 국한시키고자 한다.

2. 자유주의의 분화와 시장 중심성과 민주주의 중심성

현대의 자유주의 사상은 다양한 기준에 따라 다양한 방식으로 분류된다. 예컨대 그레이(J. Gray)는 자유주의의 다양한 철학적, 도덕적 토대를 확인하고, 각 토대에 따라 독특한 자유주의 사상이 형성되었다는 것을 설명하고 있다(Gray, 1986, chap. 6). 그에 의하면 자유주의 사상은 17, 18세기 자연권 사상에 기초하여 형성된 '자연권 자유주의'(natural rights liberalism), 칸트의 자율성 개념과 도덕철학에 기초하여 형성된 '칸트직 자유주의'(Kantian liberalism), 그리고 벤담과 밀의 공리주의 사상에 기초한 '공리주의적 자유주의'로 분류된다. '자연권 자유주의'는 로크의 '자기 소유권'(self-ownership) 개념을 개인의 가장 근본적인 권리로 간주하며 그로부터 기본적인 개인의 권리들을 도출하고, 이런 권리들의 보호를 자유주의 정치질서의 가장 근본적인 목적으로 상정한다. 반면에 '칸트적 자유주의'는 개인의 근본적인 도덕적 특성이라 여겨지는 '자율성'의 능력과 타인을 자신의 이익추구를 위한 수단으로 간주해서는 안 된다는 도덕적 절대의무 — 드워킨의 '동등한 관심과 존중'의 원칙으로 집약되는 — 를 기초로 하여 구성된 자유주의로서 현대의 가장 중요한 자유주의 전통인 의무론적 자유주의를 구성한다. 마지막으로 공리주의적 자유주의는 벤담과 밀의 '공리성의 원칙'에 입각하여 개인적 자유와 권리의 체계를 도출해 내는 자유주의 전통으로서 사회적 유용성을 개인적 자유와 권리의 윤리적 토대로 간주한다.

하지만 다른 학자들은 그레이의 삼분법적 분류보다는 칸트적 자유주의('의무론적 자유주의', deontological liberalism)와 공리주의적 자유주의라는 이분법적 구분을 선호하는 경향이 있다. 그것은 오늘날에는 자연권 사상이 퇴조했기 때문이기도 하며 의무론적 자유주의에 자연권적 자유주의를 포함시킬 수 있기 때문인 듯하다.

오늘날의 대표적인 자유주의자들인 롤즈와 드워킨은 또 다른 대표적 자유주의자(자유지상주의자)인 노직과 더불어 전형적인 칸트주의적 자유주의자들로 분류된다. 롤즈와 드워킨은 개인의 자율적 이성과 타인을 자신의 이익추구를 위한 수단으로 삼지 말라는 칸트적 도덕명령을 전제조건으로 삼아 그로부터 시민들 사이의 상호관계를 규제하는 정의원리들을 도출해 낸다.

롤즈와 드워킨 그리고 노직은 또한 자유주의 국가가 다양한 문화집단들과 가치관들 사이에서 (그 정책적 동기의 측면에서) 어느 쪽도 편들지 않는 '중립적인 태도'를 취해야 한다고 주장한다는 점에서도 일치한다. 그리고 사회복지의 극대화를 근거로 하여 개인의 권익침해를 정당화할 수 있는 논리적 취약성을 갖고 있는 공리주의를 거부한다는 점에서도 일치한다. 그렇게 보면 롤즈와 노직은 차이점보다는 공통점이 더 많은 것처럼 보인다.

하지만 현대 자유주의 사상에서 롤즈와 노직은 공통점보다는 차이점이 훨씬 더 큰 것으로 인식된다. 롤즈는 평등주의를 수용하는 평등주의적 자유주의자 곧 복지 자유주의자로 분류되고, 노직은 형식적이고 절차적인 기회의 평등만을 강조하는 자유지상주의적 자유주의자 곧 최소국가 자유주의자(minimal state liberal)로 분류되는 것이 일반적이다. 이런 시각에서 보면 롤즈와 노직은 전혀 다른 정책적 지향을 갖고 경합하는 자유주의자들로 이해할 수 있다.

그런데 최소국가적 법치국가의 이념을 주장하는 사상가로 널리 알려진 하이에크는 국가의 재분배주의적 역할을 거부한다는 점에서 노직의 자유지상주의적 입장과 동일시되곤 한다. 하지만 하이에크는 세속화된 로크적 '자기 소유권' 개념을 토대로 하여 구축된 노직의 자유지상주의와 달리 '사회적 효용성'이라는 공리주의적 요소를 수용한다. 그는 공리성의 원리를 가지고 자유주의적 시장경제 질서의 진화를 설명하고 개인적 자유를 정당화한다. 때문에 그의 자유주의는 때로 칸트주의에 입각해 있는 노직의 입장과 정면으로 대립하는 경향이 있다. 일반적으로 정책적 지향의 측면에서 동일시되곤 하는 노직과 하이에크는 철학적 관점에서는 상반되는 전통을 따르고 있는 것이다.

현대의 자유주의는 또 다원주의 사회에서의 국가의 바람직한 태도와 관련, '중립주의적 자유주의'(neutralist liberalism)와 '완전주의적 자유주의'(perfectionist liberalism)로 구분되기도 한다. 중립주의적 자유주의는 현대 자유주의의 대세를 이루는 전통이다. 이 전통에 따르면 개인들의 평등한 존엄성을 지켜주기 위한 자유주의 국가의 바람직한 태도는 다양한 가치관들 사이에서 중립적인 태도를 견지하는 것이다. 자유주의 국가는 정책과 입법에서 어떤 특정한 가치관이나 인생관에 의존해서는 안 된다. 그것은 자유주의 사회의 모든 시민들을 '동등한 존중과 관심'을 가지고 대해야 하는 국가의 마땅한 자세에 어긋나기 때문이다. 물론 국가는 '중립적인' 정책과 입법의 '의도치 않은' '비중립적인' 결과까지도 다 고려할 수는 없다. 하지만 국가는 모든 개인들과 집단들을 차별하지 않도록 최대한으로 '중립적인' 태도를 취해야 한다는 것이 중립주의적 자유주의자들의 생각이다.

그런데 현대의 중립주의적 자유주의자들의 대부분은 동시에 칸트주의적 전통을 따른다. 하지만 자유주의 사회의 국가가 중립적인 입장을 취해야 한다는 주장에 대해서 아리스토텔레스의 목적론적 사유에 고무된 일단의 학자들은 자유주의를 '중립적인' 기반 위에 세우려는 시도는 기만적인 것이거나 성공할 수 없다고 비판한다. 라즈(J. Raz)와 너쓰바움(M. Nussbaum), 갈스턴(W. Galston)과 셀커버(S. Selkever)와 같은 아리스토텔레스적 자유주의자들은 자유주의에 대한 이론적 옹호는 일정한 (자유주의적) '가치'에 대한 헌신과 충성이 없이는 불가능하다고 본다. 다시 말해 어떠한 체제도 가치중립적으로 정당화할 수는 없다고 한다. 어떤 체제를 정당화하고 옹호한다는 것 자체가 일정한 가치판단과 선택을 전제하고 있기 때문이다. 그러므로 이들은 '중립주의'에 반하여 '완전주의적' 자유주의를 주창한다. 이들은 자유주의에 대한 옹호와 정당화는 자유주의 사회가 양성하고 또 필요로 하는 특정한 도덕적 가치나 능력(자율성)을 전제로 해서만 가능하다고 믿는다. 이들은 자유주의 국가가 다양한 가치관들과 생활양식들 사이에서 적극적인 가치판단을 행함으로써 도덕적으로 건전하고 옳은 것들을 적극적으로 장려해야 한다고 주장한다. 그들은 자유라는 자유주의적 가치를 삶을 의미 있게 하는 더욱 실질적인 가치(목적적 가치)와 결합시킬 수 있는 목적론적 자유주의를 옹호한다.

자유주의 전통은 또한 이상주의적 관점에서 자유주의를 이해하는 입장과 실용주의적 입장에서 이해하는 입장으로 분류, 설명할 수도 있다. 이상주의적 입장은 '자유'라는 '이상'의 극대화라는 관점에서 자유주의 이론과 실제의 진화를 설명하는 입장이고, 실용주의적 자유주의는 '자유'의 실현을 방해하는 구체적인 악들을 제거하고 완화시키는 점진적인 과정으로서 자유주의 질서의 진화를 설명한다(Anderson, 1990; Shklar, 1984, 1990; Appleby, 1992). 그런 점에서 이들은 현실주의적 자유주의자로 부를 수 있을 법도 하다. 특히 입헌주의적 법치주의의 발전을 어떤 관점에서 이해할 것인가 하는 문제에 있어 이상주의적 관점과 현실주의적 관점의 구분은 상당한 설득력이 있다.

자유주의에 대한 이런 다양한 분류법들은 나름대로의 타당한 근거와 이유를 갖고 있어서 자유주의자들의 다양한 문제의식을 이해하는 데 큰 도움이 된다. 하지만 이 분류법들은 현대 자유주의 사회의 가장 중요한 두 제도들이 시장과 민주주의라는 사실과 이 둘의 관계를 어떻게 설정하느냐에 따라 중대한 정치적, 사회적 결과가 귀결될 수 있다는 사실을 두고 볼 때, 자유주의를 구체적인 정치적, 경제적 제도들의 배열과 관련하여 이해해 보고자 할 때는 다소 모호한 감이 없지 않다. 그래서 현실의 정치지형에서 이들이 어떤 정치 이데올로기적 위상을 차지하고 있는가를 평가하기가 쉽지 않다. 때문에 자유주의 사회의 두 가지 핵심 제도들인 시장과 민주주의의 관계를 중심으로 자유주의의 다양한 흐름들을 정치 이데올로기적 스펙트럼 위에 재구성해 보는 것은 현실의 정치지형을 이해하고 평가하는 데 적지 않은 의미가 있다.

3. 우익 자유주의: 민주주의에 대한 시장의 우선성

자유주의 스펙트럼의 가장 우익을 점하고 있는 자유주의는 시장과 민주주의를 자유주의 질서의 가장 중요한 두 제도로서 수용하지만 민주주의보다는 시장에 더 '근본적인' 중요성을 부여한다. 여기서 자유주의 사회에서 시장의 지위가 민주주의보다 더 '근본적'이라 함은 시장경제는 자유주의 질서의 구성근거가 되거나 가장 핵심적인 구성적 일부라는 것을 의미한다. 민주주의에 대해 시장의 우선성을 강조하는 자유주의자들은 시장제도야말로 자유주의 사회의 구성적 핵심 제도로서 자유주의 질서의 존재근거를 가장 잘 반영, 표현하는 제도로서 이해한다. 민주주의 역시 자유주의 질서의 핵심적인 제도들 중 한 가지로 이해되지만 시장에 비해 그 구성적 지위는 낮게 평가된다. 민주주의는 시장제도로부터 파생되거나 시장제도를 보조하는 파생적, 부수적 제도로 간주되는 경향이 있으며 주로 최소주의 — 법치주의의 테두리 내에서 자유롭고 공정한 선거경쟁을 통한 정권창출 방식 — 적으로 이해된다.

시장 우선적 자유주의에는 고전적 자유주의자들 — 로크, 맨더빌(B. Manderville), 스미스 등 — 을 계승하고 있는 시카고 경제학파, 오스트리아 경제학파, 버지니아 공공선택학파, 노직(R. Nozick), 랜드(A. Rand), 호스퍼스(J. Hospers)와 같은 자유지상주의자들이 속하고 있다. 이들의 자유주의적 이론은 시장을 가장 중핵적인 제도로 삼고 있으며 국가주의를 반대하고 법치주의에 의해 규제되는 제한정부를 지지한다는 점에서 시장 우선적 자유주의자로 분류할 수 있다.

물론 자유주의 질서와 시장제도를 정당화하기 위한 윤리적, 철학적 논거를 보면 이들 사이에는 유사점과 함께 매우 큰 차이가 존재한다. 예컨대, 시카고 경제학파와 오스트리아 경제학파는 두 학파 모두 인간사회가 '어느 정도' 규칙성이나 인과성을 갖고 있다는 것을 인정한다. 비록 인간사회를 지배하는 규칙성 혹은 인과성이 자연법칙처럼 엄격한 것은 아니지만, 사회관계가 어느 정도 예측할 수 있을 정도의 법칙성을 지니고 있다고 보는 점에서는 비슷하다. 하지만 시카고 경제학파는 가치와 사실을 준별하고 경험적 관찰에 입각해서만 사회과학적 지식을 도출할 수 있다는 엄격한 실증주의적 입장을 견지한다.

하지만 오스트리아 경제학파의 방법론적 입장은 시카고 학파와 근본적인 차이가 있다. 시카고 학파가 경험적 관찰로부터 출발하는 반면에 오스트리아 학파는 '내적 성찰'(introspection)로부터 출발한다. 그들은 인간을 단순히 어떤 외적인 자극에 반응하는 자동인형과 같은 존재로 보지 않고 인간의 정신 혹은 의식을 사회현상을 발생시키는 근원적 원인으로 간주한다. 그들은 인간의 본성에 대한 몇 가지 자명한 공리들에서 출발하는 연역적 추론과 몇 가지 확실한 경험적 사실들을 결합하여 인간의 행위와 사회현상에 대한 일반이론을 도출한다.

다른 한 가지 큰 차이점은 시카고 학파와 오스트리아 학파 그리고 버지니아 학파를 포함하는 입장과 노직, 랜드 그리고 호스퍼스를 포함하는 다른 입장 사이에서 발견된다. 시카고 학파, 오스트리아 학파 그리고 버지니아 학파는 모두가 윤리적 주관주의(ethical subjectivism)를 견지한다는 점에서는 유사하다. 이 관점에 따르면 개인의 주관적 선호를 극대로 충족시켜 주고 사회를 보존하는 데 가장 효율적인 윤리규범들과 사회규칙들이야말로 옳고 진보한 것들이다. 따라서 이들의 윤리설은 공리주의적이며 결과주의적(consequentialist)이다. 하지만 노직, 랜드, 호스퍼스의 자유주의는 반(反)공리주의적이며 반(反)결과주의적이다. 그들의 자유주의는 결과주의적 자유주의와 달리 자연법(자연권)적 전통에 입각해 있다. 노직과 랜드의 최소국가론과 호스퍼스의 무정부적 자본주의론(anarchro-capitalism)은 모두 인간의 본성과 결합되거나 그로부터 연역된 근본적 권리 개념으로부터 정당화한다.

하지만 적지 않은 차이점들에도 불구하고 이들 모두는 자유주의 사회에서 시장의 중심성과 정부의 제한성 또는 최소성(극단적으로는 무정부성)을 강조한다는 점에서 시장 우선적 자유주의의 범주로 묶을 수 있다. 그런데 이들을 시장 우선적 자유주의라는 공통 범주로 묶어 분류, 검토하는 것이 의미가 있는 까닭은 현대의 자유주의 사회 속에서 시장이라는 제도가 차지하고 있는 중요한 위상 때문이다. 현대사회에서 시장과 민주주의가 차지하고 있는 중요한 위상을 두고 볼 때, 민주주의보다 시장의 우선성을 강조하고 있는 그들의 공통점은 이와 같은 차이점들보다도 더 큰 중요성이 있다. 그들이 시장제도를 정당화하기 위해 채택하고 있는 철학적 전제와 논리가 어떤 차이를 보이든 그것들은 자유주의 질서에서의 시장의 근본적 중요성을 정당화하기 위한 상보적인 논리들로 볼 수 있기 때문이다.

시장 우선적 자유주의자들이 윤리학적, 철학적 입장 차이에도 불구하고 한결같이 민주주의보다는 시장에 훨씬 더 큰 비중을 두고 있다는 사실은 그들이 가장 중요하게 여기고 있는 권리들과 그 도출근거를 검토해 보면 비교적 쉽게 알 수 있다. 예를 들어 노직의 자유지상주의는 세속화된 로크의 자기 소유권(self-ownership) 개념을 기본 전제로 삼고 있다. 이 자기 소유권은 개인은 자기 자신의 몸과 노동에 대한 절대적인 권리를 소유한다는 신념을 표현한 것이다. 호스퍼스 또한 '생명에 대한 권리'(the right to life) 곧 자기 소유에 대한 권리가 자유지상주의의 이론적 전제임을 확실히 하고 있다(*The Libertarian Manifesto*, 1974, p.24).

그런데 이 자기 소유의 권리는 인간의 가장 근본적인 권리로서 '매우 강력하고 폭넓은' 다른 권리들의 근거가 된다. 개인들은 자기 소유의 기본권에 입각하여 자신의 몸에 지닌 모든 자연적 자산들 — 재능과 노동의 능력 등 — 에 대한 권리를 갖게 되며, 타인의 동등한 자유를 침해하지 않는 한 자신의 자산을 자유롭게 사용할 수 있는 권리와 그로부터 발생하는 모든 것들에 대한 권리를 갖는다. 사유재산에 대한 권리 및 소득과 부에 대한 권리는 개인들이 자신의 자산을 자유롭게 사용할 수 있는 자유에 대한 권리로부터 발생한다. 하지만 사유재산권이 비록 생명과 자유에 대한 기본권으로부터 파생된다고는 하지만 사유재산권이 없을 경우 개인의 생명과 자유에 대한 기본권은 사실상 무의미하거나 별로 가치가 없다. 따라서 노직과 호스퍼스와 같은 자유지상주의자들에게 사유재산권은 생명과 자유에 대한 권리에 못지 않은 절대적인 권리로서 간주된다.

그런데 흥미 있는 점은 노직과 호스퍼스의 권리에 대한 논의 속에는 민주적 정치과정에 적극적으로 참여할 수 있는 자격으로서의 정치적 권리에 대한 논의가 거의 발견되지 않는다는 사실이다. 자유주의적 질서를 정당화하기 위한 노직과 호스퍼스의 주장 속에는 개인의 인신(人身)에 대한 절대적인 권리와 그로부터 파생된 '시장경제'에 자유롭게 참여할 수 있는 경제적 권리들 및 그것들을 뒷받침할 수 있는 법치주의적 '최소국가'(minimal state)에 대한 옹호로 채워져 있다. 아마 노직과 호스퍼스 역시 자유주의 사회의 또 다른 핵심 제도인 민주주의 정치과정에 참여할 수 있는 '제한된' 개인의 권리를 부인하지는 않을 것이다. 하지만 자유로운 경제적 교환관계에 필요한 절대적인 권리들에 대한 옹호와 그것들을 보호하는 것을 주된 임무로 삼고 있는 '최소국가' 사이에서 집단적인 공적 결정을 내리는 민주적 정치과정이 어떤 의미 있는 역할을 할 수 있을지는 의문으로 남아 있다.

노직과 호스퍼스에 있어 개인의 자기 소유권과 정당한 방법으로 획득한 재산에 대한 권리는 모든 사회구성의 기본적 전제이다. 그러므로 민주적인 정치과정을 통해 그 권리들을 제약하고 통제할 수 있는 방법을 모색하는 것은 애초부터 생각하기 어렵다. 따라서 노직과 호스퍼스의 경우 민주주의는 개인의 소유권을 전제로 확립된 시장질서의 절대성을 침해하지 않는 범위 내에서만 수용된다. 따라서 그들이 수용하는 민주주의 형태는 개인의 소유권과 경제적 권리들을 가장 중요한 기본권으로 포함하고 있는 법치주의적 민주주의 형태, 곧 대의제 재생산을 위한 선거제도와 다름이 없다. 만일 민주주의의 의미를 확장시켜 공동체의 공존방식과 경제체제까지도 결정할 수 있는 포괄적 참여라는 의미로 이해한다면 그것은 노직과 호스퍼스의 민주주의 개념과는 전혀 다른 것이 될 것이다.

재산권과 자유시장 개념에 입각하여 무정부주의적인 '순수한 자유의 체제'(the regime of pure liberty) 혹은 '지상주의적 체제'(libertarian regime)를 정당화한 로스바드(M. Rothbard)와 권리 중심적 자유지상주의를 정당화한 랜드(A. Rand) 역시 사유재산권을 토대로 한 시장질서의 보호를 국가의 가장 중요한 기능으로 본다는 점에서 노직과 호스퍼스의 입장과 유사하다. 국가와 민주주의 — 국가의 공적인 문제를 처리하는 절차적 과정 및 제도 — 에 대한 로스바드의 거부는 그의 '자유의 체제' 속에서 어떠한 정치적 권리도 언급되지 않은 사실에 의해 확인된다. 그의 '자유의 체제' 속에서는 인신을 포함한 재산과 경제적인 활동에 대한 자연적 권리들만 강조되고 있을 뿐 민주적인 참여의 권리는 아예 거론조차 되지 않는다. 그것은 그의 무정부주의적 입장의 당연한 귀결이다.

랜드가 제시한 권리체계에도 민주적인 참여의 권리는 전혀 부각되지 않고 있다. 그의 이상사회에서는 생명에 대한 권리와 그로부터 파생된 가장 기본적 권리인 재산권이 가장 핵심적이며 근본적인 제도적 토대가 되고 있다. 정치적 자유로서 언론과 사상의 자유를 언급하고 그것을 침해하지 말아야 할 정부의 의무를 강조하고 있을 뿐, 더 이상의 정치적 권리들에 대해서는 일체 언급을 하지 않는다. 랜드는 정치사회의 목적을 생명을 보존하고 노동과 거래로부터 얻은 재산을 안전하게 지키는 것으로 이해하기 때문에 재산권이 어떤 사회적 결정절차 — 예컨대 민주적인 정치과정 — 에 의해 그 정당성을 인정받는다고 보지 않는다. 그것은 민주적인 정치과정을 통해 도출한 사회적 결정에 의해서도 제약될 수 없는 사회구성의 가장 근본적인 이유이기 때문이다. 재산은 그것이 어떻게 형성되는가에 따라 정해지는 것이지 어떤 집단적인 정치적 결정에 의해 결정되는 것이 아니다. 랜드에 있어 재산은 인간의 생존을 위한 기능적 필요물로서 어떤 집단적인 사회적 목적들 — 예컨대, 공동선이나 사회복지 — 이나 집단적인 정책결정방식에 의해서도 결코 약화되거나 제약되어서는 안 되는 것이다.[1)]

지금까지 살펴본 바와 같이 자유주의의 우익을 차지하고 있는 시장 중심적 자유주의에서는 적극적인 민주주의 이론을 발전시키는 데 필요한 정치적 권리들에 대한 논의가 거의 발견되지 않는 것도 공통적이다. 그들은 민주주의를 주로 최소주의적(minimalist)인 관점에서 이해한다. 그런 점에서 이들의 자유주의는 민주주의에 더 큰 비중을 부여하고 있는 자유주의 이론들과 뚜렷이 대조된다. 이들의 우익 자유주의는 좌익 자유주의에 비해 사유재산권과 계약의 자유와 같은 경제적 자유를 강조하고 현존하는 시장제도와 그에 따른 빈부의 격차를 수용하는 경향이 강한 한편, 광범위한 민주적 참여보다는 법치주의에 의해 규제되는 최소치의 민주주의에 만족하는 경향을 공유한다. 그런 점에서 그들의 자유주의는 엘리트주의와 친화성을 보인다 .

4. 좌익 자유주의 1 (균형적 자유주의) : 시장과 민주주의의 균형 지향

이 절에서는 민주주의 제도의 중요성을 시장과 대등하게 인정하고 있는 '균형적' 자유주의를 다룬다. 균형적 자유주의자들은 대부분 복지국가를 지지하고 있는 관계로 시장 중심적인 우익 자유주의

---

1) 시장 우선적 자유주의의 표준적인 정책적 지향은 오스트리아 학파의 대표자들 중 한 사람인 하이에크(F. A. Hayek)와 버지니아 공공선택학파의 창시자인 J. 뷰캐넌과 털록(G. Tullock)의 경우에도 비슷하다. 이들은 자본주의적 시장관계를 근간으로 하는 자유지상주의적 질서를 선호한다. 시장은 개인들에게 자율성과 자결(self-determination)의 자유를 제공함으로써 인간성을 표현하고 실현할 수 있도록 해주기 때문에 도덕적인 차원에서도 정당화된다. 이들에게 시장이 없는 민주주의는 상상할 수 없다.

에 대비되는 '좌익' 자유주의, 곧 평등주의적 자유주의자들로 분류되곤 한다. 이 글에서도 이와 같은 일반적인 분류법을 받아들여 이들을 좌익 자유주의로 규정했다. 하지만 이들보다 더 왼쪽에 위치한다고 볼 수 있는 민주주의 우선적 자유주의자들과의 구분을 위해 '좌익 자유주의 1' 또는 '균형적 자유주의'로 범주화했다. 이하에서는 편의상 '균형적 자유주의'로 표기한다.

대부분의 균형적 자유주의자들은 개인들의 재산권과 자유로운 경제활동의 권리의 중요성은 물론 민주정치 과정에 참여할 수 있는 정치적 권리의 중요성도 아울러 강조한다. 그리고 자유로운 경제적 활동의 권리와 민주적 참여의 권리를 동시에 고려하고 있는 관계로 일방적으로 시장제도의 중요성만을 강조하지는 않는다. 균형적 자유주의자들은 정치적 평등주의를 지향하는 민주주의의 중요성을 잘 인식하고 있다. 때문에 시장적 경쟁에서 초래되는 부의 불평등이 민주적 평등원리를 지나치게 왜곡시키지 않도록 제한적이나마 국가의 개입주의적 분배정책을 지지하는 경향을 공유한다. 그러므로 결과적 차원에서만 보면 균형적 자유주의자들은 '복지자유주의'로 분류되곤 한다.[2] 이하에서는 롤즈와 하버마스 그리고 드워킨의 자유주의를 균형적 자유주의(좌익 자유주의 1)로 범주화하는 근거를 간략히 살펴본다.

---

2) 하지만 '복지자유주의'라는 표현은 균형적 자유주의자들의 모든 관심이 사회 구성원들의 물질적, 경제적 복지의 충족에 있다는 오해를 불러일으킬 수 있는 소지가 있다. 그 표현은 그들이 복지주의적 개입정책을 지지하는 좀더 폭넓고 깊은 의미를 조명해 주기에는 한계가 있다. 사실 그들이 복지주의적 분배정책을 주장하는 근본 이유는 그것이 개인들이 누리는 정치적 참여의 기본권을 더 공정하게 행사하고 실현하는 데 필수적이라고 생각하기 때문일 수도 있다.

오늘날 가장 대표적인 복지자유주의자로 알려진 롤즈(J. Rawls)는 『정의론』에서 자신의 정의관은 민주사회를 위해 구성된 것임을 강조하고 있는데, 코헨은 그 의미를 다음과 같이 정리하고 있다(Cohen, 2003, p.87). 첫째, 정의관이 개인들에게 평등한 참여의 권리를 부여해야 한다는 것과 기본적 정의의 문제로서 민주적인 체제를 요구한다는 것을 의미한다. 둘째는 그것은 평등한 개인들의 사회를 대상으로 하며, 정의원칙들의 내용이 공적인 이해에 따라 구성된다는 것을 의미한다. 그리고 셋째는, 민주사회의 구성원들이 '정치적 권리들'을 행사할 때 그들의 정치적 사유와 판단을 안내하기 위해 구성되었다는 것을 의미한다.

여기서 민주사회의 구성원들이 누리는 '정치적 권리들'은 "모든 시민들이 그들이 준수해야 할 법률을 제정하는 입헌정치 과정에 참여하여 그 결과를 결정할 수 있는 평등한 권리들을" 의미하는 바 민주체제에서의 '참여의 원리'를 표현하는 것이다(Rawls, 1971, p.194). 다시 말해 그 정치적 권리들은 정의의 문제로서 사회 구성원들 모두에게 동등하게 부여해야 할 기본적 자유들(basic liberties) 중의 일부를 구성하는 것들이다.

롤즈는 사회의 기본구조를 크게 두 영역 — 시민권에 귀속되는 평등한 자유를 규정, 보장하는 영역과 사회적, 경제적 불평등을 지정, 확정하는 영역들 — 으로 구분하고, 각 영역에 속하는 기본권을 열거한다. 이 기본권들은 정의의 제 1 원리에 의해 모든 시민들에게 평등하게 부여되는 권리들로서 대략 "정치적 자유(투표하고 공직에 출마할 수 있는 권리) 및 언론과 결사의 자유, 양심과 사상의 자유, 사유재산권 및 인격의 자유, 법의 지배 개념에 의해 규정된 바 자의적인 체포와 구금으로부터의 자유 등이다."(Rawls, 1971, p.61)

이 기본적 자유(기본권)들은 합리성과 정의감이라는 두 가지 도덕 능력을 갖춘 평등한 개인들이 누려야 할 존중을 표현한다. 그러므로 정치적 참여의 권리는 매우 중요한 기본권으로서 다른 경제적, 사회적 권리들에 비해 그 비중이 떨어진다고 볼 이유가 없다.

요컨대, 롤즈의 자유주의에서는 민주적인 참여의 권리가 독립적인 정치적 가치로서 경제적 권리들 — 사유재산권 및 시장적 거래의 자유 — 에 못지 않은 중요한 지위를 차지하고 있다. 사실 제2원리에 명시된 '차등의 원칙'은 '민주적인' 정치적 권리들을 중요한 내용으로 삼고 있는 '평등한 자유'의 원칙을 모든 시민들이 가능한 한 '평등하게' 향유할 수 있는 최소한의 경제적 조건을 창출하기 위해 마련된 것이라고까지 할 수 있다. 그러므로 롤즈의 자유주의는 시장관련 기본권을 일방적으로 강조한 자유주의들과는 달리 민주주의적 이상과 가치들의 독립적 지위를 인정하고 있는 '균형적' 자유주의로 규정할 수 있다.

1990년대 중반에 들어 하버마스는 영미의 자유주의적 정치담론에 적극적으로 참여하는 가운데 재구성적 법이론(reconstructive theory of law)을 전개했다. 그는 타당한 법의 제정자 겸 적용대상자가 되는 법적 '제휴자들'(legal associates)이란 아이디어를 중심으로 민주주의와 권리의 관계 및 법과 체계 그리고 생활세계의 관계를 재구성한다.

하버마스는 담론이론이 법적 제도화 문제에 적용될 때 민주주의 원리에 관련된 문제가 된다고 본다. 민주주의 원리는 입법과정에 정당성을 부여하는 힘으로서 담론이론과 법적 형식(legal form)의 상호침투로부터 도출된다(p.121). 여기서 담론이론과 법형식 간의 상호침투, 곧 '법의 논리적 발생'은 '자유에 대한 일반적 권리'(the general right to liberties) — 곧, 법형식 자체를 구성하는 권리 — 에 담론이론을 적용함으로써 시작하여, 담론을 통한 정치적 자율성 행사에 필요한 조건들을 제도화함으로써 종결된다(p.121). 애초에 추상적으로 상정되었던 사적인 자율성(private autonomy)은 정치적 자율성을 통해 '회고적으로' 분명한 법적 양식을 취하게 된다. 따라서 민주주의 원리는 표면상으로만 권리체계의 핵심으로 부각될 뿐 권리들의 논리적 발생은 순환논리로 설명될 수 있다. 다시 말해, 법적 형식과 정당한 법형성 메커니즘 — 곧 민주주의 원리 — 은 최초부터 동시에 발생된다(p.122).

하버마스에 의하면 권리체계를 구성하기 위해서는 '법적 형식' (legal form) — 행위의 결과를 예상할 수 있도록 해줌으로써 행위를 안정화시키는 — 과 '담론원리' — 법규범의 타당성을 시험하는데 필요한 — 가 필요하다. 그리하여 이 두 가지 조건에 함축되어 있는 법적 인격의 지위에 근거하여 권리의 세 가지 범주를 얻을 수 있다(p.122). 첫째, 최대한의 평등한 개인적 자유에 대한 권리 — 이 권리를 정치적으로 자율적인 방식으로 분명하게 표현함으로써 — 로부터 도출되는 기본권들이 있다. 둘째, 첫째의 기본권으로부터 필연적으로 도출되는 권리들로서, 법 아래에 있는 제휴자들의 자발적 결사에 속해 있는 구성원들의 지위를 — 정치적으로 자율적인 방식으로 — 분명히 표현함으로써 도출되는 권리들이 있다. 셋째, 권리의 실행과 개인의 법적 보호를 — 정치적으로 자율적인 방식으로 — 구체화하는 과정에서 도출되는 권리들이 있다.

이 세 가지 권리들은 단순히 법이라는 중간 매개체, 다시 말해 자유롭고 평등한 개인들 사이의 수평적 결사체의 법적 형식을 위한 조건들에 담론원리를 적용함으로써 도출된다. 하지만 이 권리들은 아직은 국가에 대한 저항권(Abwehrrechte)으로 이해되어서는 안 된다. 왜냐하면, 이 권리들은 어떤 법적으로 조직된 국가권위에 앞서 자유롭게 결합된 시민들 사이의 관계만을 규제할 뿐이기 때문이다. 말하자면 이 권리들은 현재 법적 주체들의 '사적 자율성'(private autonomy)을 보장하는 권리들일 뿐이다(p.123).

하버마스의 법주체들은 네 번째의 기본권 즉, 의견과 의사를 형성하는 과정에 참여할 수 있는 평등한 기회에 대한 기본권을 통해 비로소 법질서의 주체로 부상한다. 의견과 의사를 형성하는 과정에 참여함으로써 법주체들은 그들의 정치적 자율성을 행사하며 또 그 과정에서 정당한 법을 발생시킬 수 있다. 그런데 이런 범주의 권리들은 앞의 다른 기본권들을 헌법적으로 해석하고 정치적으로 발전시키거나 구체화하는 과정에 회고적으로(reflexibly) 적용된다. 왜냐하면 정치적 권리들은 자유롭고 평등한 적극적 시민들의 지위를 근거 짓기 때문이다. 이 적극적 시민의 지위는 자기준거적(self-referential)이라 할 수 있겠는데, 그 까닭은 시민적 지위는 시민들로 하여금 그들이 소유한 다양한 권리와 의무들을 변경하고 확대할 수 있도록 권한을 부여함으로써 그들의 사적인 자율성과 시민적인 자율성을 동시에 해석하고 발전시킬 수 있도록 해주기 때문이다.

기본권의 존재와 절차적 민주주의의 순환적 관계 및 기본권의 내용에 대한 하버마스의 설명을 두고 볼 때 시장과 민주주의의 관계에 대한 하버마스의 입장은 대체로 롤즈의 '균형적' 자유주의와 맥을 같이 함을 알 수 있다. 하버마스는 절차적 민주주의가 기본권의 특징과 내용 모두를 일방적으로 결정한다고 주장하지 않는다. 재산권과 계약의 자유를 중요한 내용으로 포함하고 있는 사적인 자유와 민주정치 과정에의 참여를 핵심 내용으로 포함하고 있는 정치적인 자유는 어느 것도 우선적인 지위를 누리지 않는다. 그것들은 동시적인 기원을 갖기 때문에 어떤 것도 절대적인 우선성을 갖지 않는다(Habermas, 1996, pp.118-131). 그것들은 서로의 전제조건이 되는 상호관계를 형성하고 있다(p.128). 사적인 자유와 공적인 자유가 충돌할 경우 그것은 공동생활의 불가피한 현상으로 받아들여야 할 뿐 원칙적으로 어떤 권리가 다른 권리에 대해 절대적인 우선성을 지닌 것으로 생각할 수는 없다. 바로 이 점이 롤즈와 하버마스의 자유주의가 자유지상주의적 자유주의와 근본적으로 다른 점이다.3)

요약컨대, 롤즈와 하버마스는 공정한 협력체계의 자유롭고 평등한 구성원들이라는 (인간에 관한) 정치적 이상으로부터 사적인 자유와 공적인 자유의 공동의 기원이 있다고 본다. 사적인 자유와 공적인 자유는 서로의 실현조건이 된다는 점에서 밀접하게 연관되어 있다고 본다. 다시 말해 롤즈와 하버마스는 편의상의 동맹 이상으로 그 둘의 사이에 내재적 연관성이 있다고 본다. 이 점은 같은 균형적 자유주의자로 분류할 수 있는 쉬클라(J. Shklar)의 입장과는 다소 차이가 있다. 쉬클라는 그 둘의 관계를 일종의 편의상의 동맹으로 보고 있기 때문이다(Shklar, 1989, p.37).

현대의 평등주의적 자유주의에서 롤즈와 쌍벽을 이루는 드워킨 역시 시장과 민주주의의 '균형적' 관계를 지향한다. 「자유주의」라는 논문에서 그는 자유주의의 구성적 원리(constitutive principle)와

3) 하버마스의 입장은 해석하기에 따라 롤즈보다 더 민주주의적이라고 볼 수도 있다. 하지만 하버마스의 경우에도 민주주의는 모든 기본권 발생의 근거는 아니기 때문에 시장적 권리에 대해 민주주의가 반드시 우선성을 갖는다고 보기는 어렵다.

파생적 전략(derivative strategy)을 구분하고(Dworkin, 1985, pp.183-184), 자유주의와 경제적 시장 그리고 대의민주주의의 관계를 설명한다. 그에게 경제적 시장과 대의민주주의는 평등이라는 자유주의적 구성원리를 성취하기 위한 핵심적인 제도로서 이해된다. 경제적 시장은 어떤 재화를 생산하여 어떻게 분배할 것인가를 결정하는 데, 그리고 대의민주주의는 어떤 행위를 금지하거나 규제함으로써 다른 행위들을 가능하게 하거나 편리하게 할 것인가를 집단적으로 결정하는 데 가장 이상적으로 활용될 것이라 본다. 드워킨은 이 제도들이 어떤 다른 일반적인 제도들보다도 더 평등주의적인 분배를 제공할 것으로 기대한다(pp.193-194).

하지만 드워킨은 이 두 제도들이 자신의 자유주의적 평등관 — 자원의 평등 — 을 완벽하게 실현시켜 주리라 생각하지 않는다. 그 제도들은 자신의 자유주의적 평등관에서 볼 때 무시할 수 없는 문제점들을 내포하고 있다. 먼저 시장은 자신의 열망과 가치관에 따라 살고자 하는 개인들의 선호의 차이를 잘 반영한다는 점에서 자유주의적 평등관을 위해 필수불가결하지만, (칸트적) 도덕적 관점에서 정당화할 수 없는 부당한 불평등을 초래할 수 있는 차이점들도 관용하는 문제점이 있다. 다시 말해 재능과 가족적 배경, 필요와 장애의 정도에 있어서의 차이 등 개인의 힘으로는 어찌 해볼 수 없는 다양한 차이들을 여과시키지 못한다.

이런 차이들은 개인의 의도나 선택 그리고 노력과는 상관없는 '순전한 운'(brute luck)의 결과이기 때문에 선호의 차이와는 달리 자유주의적인 평등원리에 의해 옹호될 수 없다. 그러므로 자유주의적 입법가는 능력과 재능, 상속과 운의 차이로부터 발생하는 불평등들을 축소시키는 동시에 재화와 기회에 관련된 비용의 차이를 반영하는 불평등들은 용인하는 제도적 장치를 고안해야만 한다. 그래서 드워킨은 "시장의 가격체계는 손대지 않고" 소득재분배 정책과 관례적인 상속세 제도를 기반으로 한 복지권 제도의 확립을 주장한다.

이와 유사한 논리로 민권은 민주적인 다수의 선입견이 반영된 결정(외부적 선호, external preferences)을 예방하기 위해 필요하다. 민권체계는 강력한 외부적 선호를 반영할 가능성이 높은 정치결정들이 무엇인지를 미리 결정해서, 다수결주의가 작동하는 정치제도의 영역에서 이런 결정들을 미리 배제해야만 한다(pp.196-197). 이 권리들은 자유주의적인 구성원리를 침해할 수도 있는 민주적 다수의 편견을 반영한 외부적 선호에 대항적으로 작용할 것이다. 그러므로 이 권리들은 "정치도덕에 있어서의 무조건적인 향상"으로 이해될 수 있다(p.198).

그런데 여기서 강조될 필요가 있는 것은 복지권이나 민권이 시장제도를 뒷받침하고 있는 경제적 권리들과 민주주의를 뒷받침하고 있는 정치적 참여의 권리들과 그 도출방식에 있어서는 차이가 있지만 그 효력에 있어서는 같다는 점이다. 드워킨은 시장경제와 민주주의의 절대적 필수성을 모두 인정하기 때문에 사유재산권과 계약의 권리 및 정치적 참여 — 투표, 공직 입후보, 정당 결성과 활동 등등 — 의 권리를 당연히 인정한다. 하지만 그런 제도들은 도덕적으로 정당화할 수 없는 불평등을 관용하는 문제점들이 있기 때문에 복지권과 민권체계의 도입을 통해 보완되어야 하는 바, 이 복지권과 민권체계 역시 재산권이나 정치적 권리와 동일한 효력을 가져야 한다고 생각하는 것이다.

하지만 이로부터 예상할 수 있는 문제점은 이런 권리들 간의 충돌 가능성이다. 재산권과 복지권, 정치적 권리와 민권, 그리고 재산권과 민주주의적 다수결주의 원리가 충돌할 경우 어떻게 해결해야 하는가? 시장 우선적 자유주의자들과 달리 드워킨의 자유주의는 이런 충돌의 문제에 대해 명확한 해결책을 제시하지 않는다. 아니, 할 수가 없다. 민주주의적 다수결주의에 의해 사유재산권 및 경제활동의 자유를 일부 제약하는 결정이 내려졌다면 그것은 존중되어야 하는가? 아니면 그것은 시장경제를 떠받치고 있는 헌법적 기본권인 재산권에 대한 (아무리 부분적인 침해라 하더라도) 침해이므로 아예 위헌적인 것으로 간주되어야 하는가? 이런 충돌은 결국 충돌이 발생한 특수한 상황 속에서 공동체의 정치도덕에 대한 '최상의 해석'을 통해서 그때 그때마다 내려져야 한다.

사실 복지권의 존재는 사유재산권에 대한 부분적인 제약을 함축하고 있다. 때문에 민주적인 절차에 따라 복지권을 도입했다면 그것은 민주주의에 의한 시장의 부분적 제약을 정당한 것으로 인정한 셈이다. 그럼에도 불구하고 시장제도와 관련된 기본권은 민주주의에 의해 근본적으로 제약되거나 폐지될 수 없다는 점에서 민주주의의 일방적 독주는 결코 허용되지 않는다. 그리고 민주주의적 절차를 통해서도 침해할 수 없는 절대적인 경제적, 시민적 기본권의 존재는 그 자체가 민주주의의 과잉이나 독주를 견제하는 중요한 견제방식이 된다는 점에서 드워킨의 자유주의는 시장과 민주주의 제도의 '균형'을 도모하고 있다고 할 수 있다.

5. 좌익 자유주의 2 : 시장에 대한 민주주의의 우선성

이 절에서는 가장 좌익의 자유주의에 속하면서도 민주주의의 우선성 혹은 일차성을 강조한다는 점에서 '균형적 자유주의'와 구분되는 자유주의의 대표자들로 벨라미(R. Bellamy)와 몇몇 참여민주주의자들(페이트만, 다알 그리고 굴드) 그리고 왈쩌(M. Walzer)의 이론을 검토한다. 이들의 이론적 관심 혹은 초점은 서로 상당한 차이가 있지만, 이들은 명시적으로든 함축적으로든 집단적 결정과정에 대한 민주적 참여의 권리를 가장 으뜸가는 개인의 권리로 간주하고 이 권리를 중심으로 사회를 재구성하고자 한다는 점에서 공통성을 갖고 있다.

현재 자유주의-공동체주의 논쟁에 비판적으로 참여함으로써 정치이론 분야에 적지 않은 기여를 하고 있는 벨라미는 『자유주의와 현대사회』에서 '민주적 자유주의'를 주창하고 있다. 그는 가치나 규범에 대한 '합의'를 강조하는 오늘날의 윤리적 자유주의자들이 그 합의를 정치적 조정 메커니즘인 민주주의를 규제하는 틀로 사용함으로써 그 합의에 참여하지 못한 다양한 소수 집단들에 대한 부당한 억압을 정당화한다고 비판한다(Bellamy, 1992, p.254). 그리하여 벨라미는 현대사회의 복잡성과 다원주의를 배경으로 해서 볼 때 자유주의적인 헌정적 원리들과 제도적 장치들은 잠정협약(modus vivendi)의 관점에서 보아야 한다고 주장한다. 그 원리들은 모든 정당한 사회적 공존형태들의 보편적인 전제조건이라기보다는 현재적인 '정의의 환경'을 반영한다는 것이다.

이런 관점에서 벨라미는 자유주의적 권리담론의 초문화적, 보편적 특성을 비판한다. 자유주의적 권리담론은, 인간의 번영에 대한 상이한 견해를 갖고 있는 공동체들은 상이한 권리의 체계를 발전시킬 수 있다는 가능성을 백안시한다는 것이다. 자유주의적 권리체계 내부의 권리들 간의 갈등 — 예컨대, 결사의 자유 대 차별로부터의 자유, 자신의 신체에 대한 산모의 자유 대 태아의 생명권 등등 — 은 결코 해결되기 어려운 비결정성(indeterminacy)을 갖고 있다. 때문에 권리들 사이의 평가는 어쩔 수 없이 질적인 성격을 띨 수밖에 없다. 그리고 권리들 사이의 질적인 평가는 상이한 인간활동에 대한 상이한 가치평가를 반영하고 이는 또한 가치평가자들이 속해 있는 (문화)집단들의 상이성을 반영한다(p.255).

따라서 벨라미는 권리들을 보편적인 윤리적 합의에서 도출한 영구적인 보편적 원칙들로서가 아니라 특수한 생활형태들의 조정원리들(co-ordinating principle)이란 관점에서 이해해야 한다고 주장한다. 이런 맥락에서 그는 법률과 권리 그리고 분배적 원리들을 각 사회가 그들의 일을 조정하기 위한 경험적 규칙(mere rules of thumb)에 불과한 것으로 간주하는 '민주적 자유주의'의 장점을 부각시킨다(p.257). 그것들은 상황변화와 필요에 따라 수정될 수 있는 임시적인 성격을 띤다. 그것들은 특정한 시점과 환경 속에서 사회생활의 혼란과 불확실성을 축소시켜 주며, 그런 대로 안정된 삶을 영위하는 데 필요한 기대의 규칙성(regularity of expectations)을 제공해 준다.

이런 관점에서 보면, 개인과 집단의 자유는 성문화된 보장책들에 의해 보호되기보다는, 시민들로 하여금 일정한 방식으로 행위할 수 있도록 해주는 동시에 타인에 의한 침해를 방어할 수 있는 수단이 되는 힘의 존재, 즉 사회의 특수하고 집단적인 이해관계에 대해 숙의할 수 있는 제도적 장치로서의 민주주의에 의해 보호된다. 자유주의 사회의 구성원들은 민주적인 제도적 과정을 통해 실증적인 권리들을 갖게 되는 바, 그 권리들은 전(前)정치적인 자유주의적 인권 개념이 노정하는 결함들로부터 자유롭게 된다. 따라서 권리와 자유의 향유는 상당 정도 시민들 사이에 권력을 분배하는 민주제도적인 구조에 의존하게 된다. 광범위한 정치참여가 이루어지지 않는다면 국가기구들은 특수한 계급, 집단, 종교, 이데올로기 혹은 리더의 특수이익을 위해 그 기구를 사용하려고 하는 일부 파당의 손아귀에 장악되고 말 것이다. 그러므로 민주적인 결정의 범위를 축소함으로써 소수집단들의 권리를 보호하고자 하는 자유주의적 권리 이론가들의 기대는 오히려 결정 작성과 권력의 다양한 중심을 허용하는 민주주의의 존재에 의해 효과적으로 성취될 수 있다(p.258).

이런 근거에서 벨라미는 정책결정 권력을 사회 전체에 걸쳐 두루 분산시킬 필요가 있으며 중앙정부의 권위를 제한할 수 있도록 그 기능범위를 명백히 지적해야 한다고 강조한다. 이런 체제는 다수결주의와 정부행위에 대한 '도덕주의적인' 헌법적 제약 대신에 '현실주의적인' 절차민주주의적 견제와 통제를 선호하게 될 것이라고 본다(p.259), 그리고 다양한 견해의 표출을 허용하고 그 견해들 사이의 중재를 촉진시키는 민주적 절차가 권리와 정의라는 전(前)정치적인 자유주의적 관념들을 대신하게 될 것이라고 강조한다. 벨라미는 이런 식으로 다원주의를 적극 수용하게 되면 자유주의적이며 동시에 민주적인 체제를 유지할 수 있다고 본다. 그리하여 사회의 다양한 가치와 이익들을 반영해 줌과 동시에 그들 사이의 상호조정을 가능하게 해주는 민주적인 제도들의 구성체야말로 '다원주의적 현실'에 적합한 진정한 '정치적 자유주의'(political liberalism)의 틀을 제공해 줄 수 있다고 주장한다.

지금까지 살펴본 벨라미의 민주적 자유주의 이론은 오늘날 자유주의가 누구에게나 중요하다는 인식을 전제하고 있다. 그런 의미에서 그는 자유주의자로 분류되기에 전혀 손색이 없다. 하지만 그는 오늘날의 중요한 자유주의 이론들이 보편주의적인 윤리적 관점에서 권리체계를 규정하여 다양한 윤리적인 체계들의 존재를 무시, 억압하게 됨으로써 오히려 반(反)자유주의적인 결과를 초래하게 되었다고 비판한다. 그러므로 그의 민주적 자유주의는 자유주의적 이상의 가치를 부정하는 것이라기보다는 그 가치들의 완전한 실현을 위해 민주주의가 우선적으로 확립되어야 한다는 입장으로, 민주주의 실현 없이 자유주의의 온전한 실현 또한 불가능하다는 '민주주의 우선적 자유주의'의 입장을 대변하는 것이다. 그가 주장하는 민주주의는 광범위하고 적극적인 시민의 참여를 보장해 주는 제도화된 절차로서 다른 사적인 권리들의 원천이 됨과 동시에 그 권리들을 규제할 수 있는 절차적 근거로 작용하고 있다. 하지만 문제는 다원주의를 전폭적으로 수용하고 있는 벨라미의 입장에서 볼 때, 민주주의라는 제도적 장치가 복잡하게 얽혀 있는 다원적인 문화집단들 사이에서 어떻게 그처럼 보편적인 전폭적 지지를 얻을 수 있겠는가 하는 것이다. 현대사회의 다원주의가 보편적인 윤리적 합의에 입각한 헌정원리의 모색을 어렵게 하고 있다면, 그것은 또한 민주주의에 대한 보편적인 합의와 지지도 어렵게 하는 것이 아니겠는가?

오늘날 대의민주주의제의 한계와 결함을 보완함으로써 자유주의적인 정치관행에 수정을 가하고 있는 일단의 참여민주주의자들 역시 '민주주의 우선적 자유주의'의 범주에 묶을 수 있다. 그들은 개인의 자율성이라는 자유주의적인 가치를 민주적인 '자치'(self-determination)의 원리로 확장, 재구성함으로써 민주주의에 의해 제한된 자유주의 혹은 민주적으로 통제된 자유주의를 주창한다.

먼저 페이트만은 루소, 밀, 콜의 저작들을 종합하면서 국가적 수준에서의 민주적 참여가 가능하기 위해서는 개인의 참여지향적 태도와 심리적 자질들이 지역적 수준에서 미리 개발될 필요가 있다고 주장한다(Pateman, 1970, p.42). 페이트만은 참여에 필요한 태도와 자질은 참여과정 자체를 통해서만 개발될 수 있다고 본다. 참여는 넓은 의미에서 교육적 기능을 담당한다. 즉, 그것은 능동적인 참여를 촉진시키는 심리적 특성 및 민주적 역량과 절차들을 습득하는 과정이다. 페이트만은 참여체제는 참여과정의 교육적 효과를 통해 스스로를 유지하기(self-sustaining) 때문에 안정성에 관한 문제를 발생시키지 않는다고 주장한다(p.42).

페이트만에 의하면 참여민주주의론의 두 번째 측면은 산업을 국가적 수준의 참여와 병행할 수 있는 추가적 참여영역으로 간주한다는 점이다(p.43). 그는 "개인들이 자신의 생활과 환경에 대해 최대한의 통제력을 행사할 수 있으려면, 이런 영역에서의 권위구조들이 그들로 하여금 결정 작성에 참여할 수 있도록 조직되어야 한다"고 주장한다(p.43). 동시에 "산업적 권위구조의 민주화 즉 '경영자들'과 '부하들' 간의 구분의 폐지는 이러한 조건을 충족시키는 방향에로의 커다란 진일보를 의미한다"고 본다(p.43).

그런데 페이트만의 참여민주주의론은 전통적인 자유주의의 핵심가치인 자유를 좀더 적극적인 차원에서 이해한 것으로 민주적 과정에 직접 참여할 수 있는 참여의 권리로 확장되는 바, 이 권리의 행사를 위한 사회경제적 조건으로서의 평등의 상태를 지향한다. 따라서 페이트만은 민주적 정치과정에 대한 시민들의 자발적인 참여를 통한 시장기능의 부분적 제한 혹은 규제를 수용하고 있다. 이것은 페이트만이 자유주의적 전통을 버리지 않지만 민주적인 참여의 원리를 통해 자유주의를 보완하거나 극복하려는 시도의 일환으로 이해할 수 있다.

1950년대와 1960년대에 다원주의적 접근을 주도했던 다알은 1970년대에 들어 다원주의적 접근의 결함을 인정하고 산업민주주의 즉, 근로자들의 자치경영 체제를 지지함으로써 참여민주주의론을 옹호하게 되었다(Dahl, 1956; 1961; 1982; 1985). 다알은 1970년 『혁명 이후?』(*After the Revolution?*)에서 기업의 모든 근로자들에게 기업을 스스로 관리할 수 있는 권력이 주어진다면 미국의 민주주의는 더욱 더 완전해질 것이라고 선언했다. 큰 공동체의 대의정부는 정책 결정자들이 일반 시민들로부터 너무 멀리 떨어져 있다. 그는 오직 기업에서의 자치경영(self-management)만이 그 손실을 메울 수 있다고 주장했다(Dahl, 1970, p.142). 비록 자체 경영체제가 약간의 효율성 손실을 초래해도 그 손실은 민주적 참여와 통제의 바람직성, 그리고 그에 수반되는 자기 발전과 인간적 만족에 의해 상쇄될 수 있다고 강조했다(p.132).

다알은 1980년대에도 이 주장을 되풀이했다. 그는 "우리가 국가의 통치에서 행해 온 것처럼 기업관리에서도 민주적 과정에 대한 권리를 행사하지 말아야 할 설득력 있는 이유가 없다"고 주장했다(Dahl, 1985, p.135). 그는 기업에 대한 근로자의 자치경영은 일터에서의 소외감을 감소시킬 뿐만 아니라 정의와 민주주의라는 가치의 증진에 기여할 것이고, 우리를 더 나은 시민들로 변모시킴으로써 국가 차원에서 민주주의의 질을 향상시킬 것이라고 주장했다.

이런 다알의 주장에 대해 다음과 같은 반론이 예상될 수 있다.

즉, 경제조직에서의 근로자들의 자치는 사유재산권 특히 기업의 사적 소유권을 침해할 것이라는 비판이 있을 수 있다. 이에 대해 다알은 "자치라는 근본적 권리에 비교해 볼 때 사유재산권에 대한 어떠한 정교한 옹호도 만족스럽지 않다"고 단언한다. 더구나 사유재산권에 대한 어떤 옹호도 사유재산의 무제한적 축적의 권리를 정당화하지 못하며, 따라서 기업의 사적 소유도 성공적으로 정당화하지 못할 것이라고 반박한다(pp.82-83).

참여의 존재론(인간론)적 토대를 확립하고 그로부터 모든 영역을 참여적 민주주의 체제로 전환할 것을 모색하는 굴드는 자유 개념과 평등 개념에 대한 적극적 재해석을 토대로 민주주의를 정치적 영역을 넘어 사회경제적 영역에까지 적용될 수 있는 원리로 승화시킨다 (Gould, 1988). 굴드의 재해석에 따르면 자유는 '자유로운 선택'뿐만 아니라 '자기 발전의 활동'까지도 포함한다. 이 자유 개념은 개인들이 모두 동등한 행위주체라고 전제하기 때문에 모든 개인의 평등을 함축한다. 또한 자기 발전으로서 자유 개념은 그 조건으로서의 사회협력을 필요로 하며, 나아가서 물질적 조건에 대한 접근을 포함하는 것으로 해석된다. 그 결과 개인들의 평등은 자기 발전을 위한 조건에 대한 권리에까지 확장된다. 그리고 이 권리로부터 자기 발전의 조건들 중 공동의 활동에 관련된 결정과정에 참여할 수 있는 권리가 파생된다. 이 공동의 결정 영역은 정치적인 영역뿐만 아니라 사회경제적인 삶의 영역까지도 포함한다. 굴드는 이처럼 자기 발전에 대한 동등한 권리로서 이해되는 '평등한 자유' 개념을 민주적 참여의 도덕적 근거로 간주한다.

이 글의 주제와 관련, 굴드의 기본 입장은 '시장에 대한 민주주의의 우선성'으로 정리할 수 있다. 이 점은 인권과 기본권에 대한 그의 설명에서 분명히 드러난다. 시민적, 정치적 권리만을 인권의 범주에 포함시켜야 한다는 크랜스턴(M. Cranston)과 다우니(R. Downie)의 입장에 반대하며 시민적, 정치적 권리와 동시에 경제적 권리까지도 인권 개념에 포함시킨다(pp.190-214). 그는 특히 정치적 권리에 속하는 민주주의에 대한 권리와 더불어, 정치영역 밖의 사회적, 경제적, 문화적 활동과 관련된 정책결정과정에 대한 민주적 참여의 권리를 근본적인 인권 속에 포함시키고 있다(p.191). 이것은 다른 이론가들과 다른 점으로 굴드의 입장을 '민주주의 우선적 자유주의'로 규정할 수 있는 직접적이며 결정적인 근거가 된다.

주지하듯이 굴드는 인권의 궁극적 근거를 인간의 본성 속에서 찾고 있으며 그 가장 중요한 특성으로 자유로운 행위능력(free agency)과 사회적 개인성(social individuality)을 제시한다. 굴드는 이 능력으로부터 '평등한 적극적 자유'(equal positive freedom) 개념을 도출하고 이로부터 인권에 대한 설명을 전개함으로써 인권의 범주에 사회적, 경제적 권리를 포함시켜야 한다고 주장한다.

이 주장에 입각하여 굴드는 권리들의 우선순위를 결정한다(pp.210-211). 먼저 두 개의 근본적 권리 혹은 기본권으로서 생명의 권리와 자유의 권리가 있다. 이 권리들은 인간의 모든 활동에 필수적인 조건이 되며 또 다른 권리들의 실현에 필수적이라는 점에서 근본적인 권리들이다. 생명에 대한 권리는 살해당하지 않을 권리와 생계수단에 대한 권리, 기본적인 건강관리에 대한 권리, 환경적 위험을 회피할 수 있는 권리, 직업 및 교육 그리고 여타의 사회활동을 할 수 있는 권리들의 근거가 된다. 그리고 자유의 권리는 소극적 자유에 속하는 권리들과 적극적 자유에 속하는 권리들 모두를 포함한다. 그러므로 외부의 간섭으로부터 보호를 받을 있는 권

리들 및 자기 발전으로서의 자기 표현을 위한 조건과 기회에 대한 권리까지도 포함한다.[4)]

인권에 대한 지금까지의 설명에서 굴드가 시종일관 강조하고 있는 것은 인간의 집단생활의 모든 방면에 참여함으로써 함께 공동의 결정을 할 수 있는 참여권리의 중요성이다. 정치영역에서뿐만 아니라 사회적, 경제적 영역에서도 이 참여의 권리는 가장 기본적인 권리로서 존중되어야 한다는 그의 입장은 집단적 의사결정이 내려지는 모든 공동생활의 영역은 참여민주주의적으로 제도화되어야 한다는 강력한 메시지를 담고 있다. 따라서 굴드가 비록 시장경제와 시장경제를 뒷받침하는 권리들 — 사유재산권, 자유로운 계약의 권리, 영리추구의 권리 등등 — 을 수용하고 개인의 자기 발전에 있어서 그 권리들의 중요성을 인정하고 있다고 해도 필요할 경우 참여민주주의적 결정에 의해 규제될 수 있는 가능성은 얼마든지 존재한다. 시장에 대한 민주주의적 규제는 시장의 재산관계에 의해 발생할 수 있는 지배와 착취의 가능성을 차단하는 한편 시장이 공정하지 못한 관행들 — 가격담합, 독점 등등 — 에 의해 왜곡되는 것을 바로잡는 역할을 한다(p.254). 따라서 굴드의 이론에서 사장경제는 민주주의에 의해 규제 또는 제약된 시장경제라고 할 수 있는 바, 그의 이론은 자유주의로 분류될 수 있는 가장 좌익의 자유주의로서 '민주주의 우선적 자유주의'에 속한다고 할 수 있다.

자유주의적 공동체주의자 혹은 공동체주의적 자유주의자로 알려

---

4) 굴드는 이 맥락에서 특히 재산권의 지위를 다루고 있다. 굴드에 의하면 재산권은 아주 중요한 권리임에 틀림없다. 하지만 그 권리는 전통적으로 이해되어 왔듯이 어떤 독립적인 권리가 아니라 적극적 자유의 권리로부터 도출되는 권리라고 본다(p.212).

져 온 왈쩌는 '공동체주의적인' 방법론에 상당한 비중을 두고 있다. 정의의 문제에 접근함에 있어 그는 문화특화적(particularistic 혹은 culture-specific) 접근방법을 주창한다. 이 방법은 정의로운 분배의 대상이 될 재화의 '사회적 의미'를 문화적 전통과 맥락 속에서 해석하고 적용하는 방법이다. 그런 점에서 그 방법은 문화내재적 이해방법이라고 할 수 있다. 왈쩌는 이 방법에 의거, 분배적 정의의 영역을 다원화시킨다. 그리하여 각 영역에 고유한 재화의 '사회적 의미'를 밝혀서 그 영역에만 적용될 수 있는 분배 기준과 방식을 확인하고 그에 따라 그 영역에 고유한 방식으로 재화를 분배할 것을 제안한다. 즉, 상이한 사회적 가치(재화)는 상이한 절차와 상이한 주체에 의해 그리고 상이한 이유에 따라 분배되어야 하며, 이 모든 차이들은 사회적 가치(재화) 그 자체에 대한 상이한 이해 — 이는 역사적, 문화적 특수주의의 불가피한 산물 — 로부터 도출되어야 한다고 주장한다(Walzer, 1983, p.6).

이런 방법론적 입장으로 인해 그는 "분배정의에 관련된 모든 재화는 사회적 재화"로서 재화가 속해 있는 공동체로부터 그 고유한(특수한) 의미가 도출되기 때문에 어떤 재화도 보편적 본질을 갖지 않는다고 주장한다(p.7) 그리고 그 재화의 의미가 구성되는 과정은 개인적이 아니라 사회적이기 때문에 사회에 따라 다른 의미를 지니게 되고 따라서 그 고유한 의미는 사회특정적, 문화특화적으로 해석해야 한다고 주장한다.

이런 방법을 적용한 그의 정의론의 핵심 내용은 '복합평등'(complex equality)으로 정리된다. 그것은 상이한 재화는 상이한 이유에 따라 분배되어야 한다는 원칙으로 정리될 수 있다. 왈쩌는 '복합평등' 개념에 적합한 제도적 형태로서 '민주사회주의'(democratic socialism)를 제시한다. 민주사회주의는 최소한 부분적으로나마 지방 공무원들과 아마추어 공무원들에 의해 가동되는 강력한 복지국가, 제약된 시장(constrained market), 개방적이고 탈신비화된 공무, 독립적인 공립학교, 근면과 여가의 조화, 종교생활과 가정생활의 보호, 계급과 서열로부터 자유로운 공적인 서훈제도 등을 갖추어야 한다. 하지만 이런 모든 제도들보다 중요한 것은 그 안에서 편안함을 느끼고 그 제도들을 지킬 태세가 되어 있는 남녀 시민들의 존재이다(p.318)

왈쩌의 민주사회주의는 시장경제를 근본적으로 부정하지 않는다. 그것은 단지 자본과 돈의 불평등이 시장영역을 넘어 다른 영역의 재화로 전화되어 또 다른 불평등의 힘으로 작용함으로써 자본의 전제를 불러올 수 있다는 염려를 반영하고 있다(pp.316-318). 영역에 고유한 정의의 의미와 기준들을 강조하는 그의 복합평등론은 시장에서의 불평등한 분배가 다른 영역에서의 불평등의 원인이 되지 않도록 차단시키는 목적을 갖고 있다. 따라서 그 결과만을 본다면 지금까지 돈과 자본을 통해 부당한 지배력을 행사했던 기업과 자본가들의 권력 혹은 영향력을 제한시키는 효과를 가진다고 할 수 있다. 그러므로 돈과 자본의 전제를 비판하고 그것들을 그들의 고유한 영역에 묶어두고자 한 왈쩌의 시도는 분명 평등주의적이며 복지주의적 지향성을 갖는다고 할 수 있다(chap.3, p.318).

이상의 내용을 갖는 왈쩌의 문화특화적 정의론은 상당한 민주적 함의가 있다. 즉. 분배에 대한 논의는 각 문화의 고유성과 그 구성원들의 견해를 존중해야 한다는 그의 입장은 민주적인 함축성이 있다. 흔히, 보편주의는 비민주적인 함의가 있는 것으로 지적되곤 한다. 왈쩌 역시 롤즈와 하버마스 이론의 보편주의와 그 제국주의적,

비민주적 함축성을 꼬집는다. 왈쩌가 이해하는 바의 민주주의는 옳은 진리에 도달하는 데 가치가 있는 것이 아니라 시민의 의사를 구현할 수 있는 결정을 내리는 데 있다. 민주정치는 언제나 시민들로 하여금 공동으로 행위하도록 촉구하며, 자신을 자신과 타인의 운명을 선택하고 수락할 수 있는 시민으로, 그리고 분배적 영역들을 감시하고 정의로운 사회를 유지할 수 있는 시민으로 인식하도록 초대한다(p.311). 이런 관점에서 그는 권리 중심적 자유주의가 공동체의 특수성을 무시하게 되고, 시민들 사이의 민주적 교류와 의사소통을 통해 형성될 수 있는 영역별 정의의 가능성을 봉쇄할 수 있다고 본다. 요컨대, 모든 영역에서 (아마도 민주적으로 형성될) 구성원(참여자)들의 공동의 이해를 강조하는 왈쩌의 입장은 시장영역에서의 돈과 부의 분배도 민주적인 합의에 따라 이루어져야 한다는 함축성을 지니고 있는 바, 그의 민주사회주의는 '민주주의 우선적 자유주의'로 범주화할 수 있는 좋은 근거가 된다.

6. 한국사회의 보수와 진보

지금까지의 논의를 바탕으로 이 절에서는 현 시기 한국사회에서의 보수와 진보의 내용을 간략히 재구성해 보고자 한다. 특히 현 시기 한국의 정치지형에서 자유민주주의는 진보주의자들과 보수주의자들 모두가 지지하는 정치 이데올로기인 만큼, 앞에서 구성한 서구 자유주의의 스펙트럼과 연계하여 한국에서의 보수주의와 진보주의 내용을 간단히 구성해 보고자 한다.

먼저 한국의 보수주의는 서구의 고전적 자유주의가 채택했던 체제적 요소들을 계승한 오늘날의 우익 자유주의의 입장과 상당한 공통점을 갖고 있다. 그 공통점은 무엇보다 자본주의 시장경제에 대한 강한 선호이다. 신우익이 계승한 고전적 자유주의는 로크와 스미스 그리고 초기의 공리주의자들에 의해 확립된 자유주의로, 그 한 가지 주된 특징은 경제적인 내용의 자유주의이다. 시장을 매개로 한 합리적 경제인(homo economicus)들의 자유로운 교환행위는 사회 전체의 부를 극대화할 뿐만 아니라, 참여하는 개인들에게 최대로 만족스러운 결과를 가져다준다. 그러므로 국가는 시장에 개입함으로써 자유시장의 '보이지 않는 손'의 자혜로운 섭리를 왜곡해서는 안 된다. 이처럼 고전적 자유주의는 자본주의와 불가분적인 관계를 맺고 있는 경제적 자유주의로 특징화될 수 있다. 한국의 보수주의가 옹호하는 자유민주주의는 이 고전적 의미의 경제적 자유주의를 한국 특유의 권위주의적 국가주의와 기묘하게 결합시킨 형태라고 할 수 있다.

권위주의적 국가주의와 시장자본주의가 맺은 다소 미묘한 결합은 외부적인 요인이었던 냉전의 전개와 그에 따른 남북분단 상황 및 반공주의의 채택과 밀접한 연관성이 있었다. 그리하여 반공주의와 시장자본주의의 수호를 근간으로 하여 규정된 자유민주주의는 오늘날까지도 고착된 분단 상황으로 말미암아 보수주의자들의 철저한 엄호를 받아오고 있다. 오늘날 한국 보수주의는 신자유주의적 세계화의 지속적인 공세와, 온건 진보정당으로 간주되곤 하는 열린우리당에 의한 정권교체로 인해 국가주의를 버리고 있지만 반공주의와 시장자본주의에 의해 규정된 자유민주주의를 고수한다는 점에서는 일관성을 보여주고 있다. 그리고 반공과 시장자본주의에 대한 과도한 집착은 한국의 보수주의를 시민사회의 제도들에 구현된

전통적인 가치와 미덕들에 대해 무관심하게 만들었는 바, 한국의 보수주의자들에게는 서구 보수주의의 공통적 관심사인 시민사회의 도덕적 통합과 같은 문제들이 관심 밖의 일이다.

한국의 보수주의가 몇 가지 대내외적인 상황과 그때 그때의 편의에 따라 자유민주주의를 해석, 선전해 왔다면 한국의 온건 진보세력 역시 자유민주주의를 나름대로 수용, 재해석해 왔다고 할 수 있다. 하지만 보수세력들이 19세기에 굳어진 경제적 자유주의와 반공을 근간으로 하고 있는 데 반해 진보세력들은 20세기 중반까지 서구 복지국가 체제를 뒷받침해 왔던 평등주의 복지자유주의에 훨씬 더 호감을 갖고 있다. 한국사회 역시 서구와 마찬가지로 민주주의와 시장경제를 정치경제의 두 기본 제도로 채택하고 있기 때문에 서구의 신(新)자유주의와 평등주의적 자유주의에 대한 앞에서의 비교설명은 한국의 진보주의 정치이념을 이해, 규정하는 데 좋은 지침이 될 수 있다.

서구의 경우 자유민주주의에 대한 진보적 해석이 평등이념을 상대적으로 강조한다면, 한국 진보주의자들의 자유민주주의에 대한 해석도 그와 비슷한 맥락에서 해석될 수 있다. 하지만 분단과 반공주의의 지속 그리고 탈사회주의 및 신자유주의적 추세의 영향은 한국사회의 진보세력이 평등의 원리를 구현시키려 할 때 그 평등의 내용을 서구의 경우보다 훨씬 더 온건하게 규정하도록 만들고 있다. 근본적으로 이 온건성은 아직도 한국이 냉전의 고도로 남아 있기 때문에 진보세력의 급진성을 관용하기 어렵다는 사실에서 기인하는 것처럼 보인다. 하지만 부분적으로는 한국사회가 마샬이 말한 세 가지 권리 중에서 아직은 세 번째의 권리확립 단계에까지는 미치지 못하고 있는 정황과도 연관이 있다. 때로 정치의 민주화와 사회적 권리(복지권)의 쟁취가 동시에 추구되기도 했으나, 1980년대 이후 지금까지의 상황은 복지권의 확립보다는 정치적 민주화와 그 공고화에 초점이 두어졌다고 할 수 있다.

김대중 정권부터 노무현 정권에 이르는 과정에서 부분적으로 초보적인 사회보장 정책들이 실험되었고 또 실험되고 있지만 아직까지는 서구식의 광범위한 사회복지권의 확립과는 거리가 멀다. 게다가 세계경제의 신자유주의 경향과 유럽 복지국가 체제의 위기는 한국에서의 사회복지제도 확충에 관한 의미 있는 논의를 원천적으로 차단시키고 있다. 서구에 있어 신자유주의의 대두는 제1차 세계대전 이후 착실하게 발전시켜 온 복지제도를 바탕으로 한 자유시장 논리의 부활을 의미한다. 반면에 한국의 경우에는 복지주의가 채 실험되기도 전에 자유시장으로의 복귀가 강조되고 있다. 하지만 한국의 경우에는 엄밀히 말해 자유시장 논리로의 복귀란 표현은 전혀 적합하지 않다. 복지제도를 광범위하게 실시한 바가 없기 때문이다. 따라서 현 시기 한국사회의 온건 진보주의는 민주주의를 공고화시키는 과제와 함께 다음과 같은 두 가지 과제를 지닌다고 할 수 있다. 첫째는, 정경유착으로부터 자유로운 '공정한' 자유시장경제를 확립해야 하며, 둘째는 시민들이 누리는 자유의 실질적 평등을 뒷받침해 줄 수 있는 최소한의 복지권을 확충해야 한다.

그런데 '공정한' 자유시장경제를 확립하는 것이 현 시기 진보주의의 주된 과제의 하나라고 한다면 한국의 진보주의가 보수주의와 무엇이 다를 게 있는가 하는 의문이 있을 수 있다.[5] 하지만 진보주

---

5) 보수세력이나 개혁세력 모두 국가규제의 완화를 주장한다는 점에서 표면적으로는 차이를 발견하기 어렵다. 그러나 보수세력이 말하는 규제의 완화와 개혁세력이 주장하는 규제의 완화는 전혀 다른 성격일 수 있다. 보수세력

의자들이 볼 때 한국의 시장경제는 지나치게 불공정하다 할 정도로 재벌과 대자본에게 유리하며, 운(運)의 영향력을 완벽하게 허용하고 있다. 보수주의자들은 이런 시장경제를 그대로 유지하려는 데 반해 진보주의자들은 기회의 평등과 시장에서의 경쟁이 '공정할 수 있도록' 부분적으로나마 시장경제를 개혁하려고 한다. 때문에 이 과정에서 불가피하게 국가(정치)의 역할에 의존하게 된다. 반면에 보수주의자들은 기존의 (왜곡되어 있는) 시장경제를 선호하기 때문에 시장을 개혁하려는 국가의 개입을 반(反)시장주의적 행위라고 규탄한다. 이처럼 보수주의자와 진보주의자들 공히 자유시장경제를 옹호하지만 현재의 시장경제를 유지하는 것이 좋은가, 개혁하는 것이 좋은가에 대해서는 극명하게 의견이 엇갈리는 바, '기존의' 시장경제를 더욱 '공정한' 시장경제로 개혁하고자 하는 것이 바로 온건 진보주의자들의 입장이라고 할 수 있다.

보수주의와 구분될 수 있는 한국 진보주의의 또 한 가지 특징은 정치권력에 대한 참여의 평등성을 지향한다는 점이다. 보수주의가 정치권력의 시장개입을 거부한다는 점에서 일정한 개혁적 성격을 갖고 있는 것은 사실이지만, 정치권력 행사의 일반적인 평등성의 주장으로까지는 확장시키고 있지 않다. 다시 말해 보수주의는 기존의 권력구조의 불평등성을 거의 그대로 인정하고 있다. 반면에 진보세력은 기존의 정치권력 구조를 재편하는 데 역점을 두고 있다.

의 경우는 철저한 규제의 완화를 통해 독점적 재벌을 강화시킬 수 있는 방향으로, 그리고 개혁세력은 모든 종류의 규제의 완화가 아닌 불필요한 규제를 완화하는 방향으로의 개혁을 주장한다. 따라서 개혁세력의 경우는 독점방지와 공정거래법과 같은 규제는 시장자본주의의 존속을 위해 필수적인 규제로 받아들인다.

진보세력은 우선적으로 집중된 대통령의 권한에 대해서, 행정부의 입법부와 사법부에 대한 권력우위에 대해서, 지역적 권력독점에 대해서 권력분점 혹은 권력분산을 주장한다. 그러므로 한국의 진보세력은 집중된 정치권력의 분산과 권력행사의 평등성이라는 정치적 민주주의의 원리를 더욱 공고히 다지고자 하는 의도를 분명히 나타내고 있다.[6)]

더욱 '공정한' 시장자본주의 질서를 확립하고자 하면서 민주주의를 공고히 다지려는 것이 온건 진보주의의 목표라고 할 때 다음과 같은 문제가 제기될 수 있다. 정치권력의 평등화(민주성의 원리)가 시장자본주의의 확립과 동시적으로 성취될 수 있는가 하는 것이다. 전통적인 국가권위주의를 제한하고자 한다는 점에서 (정치로부터의) 시장의 자유화와 민주주의의 원리는 일치한다. 하지만 정치권력에 대한 참여 — 권력의 형성이나 행사 — 의 평등성이라는 민주주의적 원리와 자유경쟁적 시장경제 사이에는 강렬한 긴장이 존재한다. 왜냐하면, 법률적으로 보장된 평등한 정치적 권리는 반드시 정치적 권리의 실질적인 평등한 행사를 보장해 줄 수 없기 때문이다. 다시 말해 권리의 실질적인 값어치(worth)는 사회의 기본 가치들이 어떻게 분배되는가에 따라 크게 달라질 수 있다.[7)] 그러므로 진보주의적 입장은 그 경향에 있어 항상 정치적 자유의 평등한 행사를 지향하며, 그 조건으로서 경제적 소득을 비롯한 사회의 기본

---

6) 여기서 정치권력의 제한은 민주주의보다는 자유주의의 한 원리라고 보는 것이 더 타당하다고 말할 수 있지만, 집중된 권력의 제한이 권력에 대한 참여의 평등성을 확보하기 위한 조건이라고 볼 수 있다는 점에서 민주주의의 원리이기도 하다.

7) J. Rawls, *Political Liberalism*, pp.326-327.

가치들을 가능한 한 빈곤층에 유리하게 재분배해야 한다고 주장한다. 물론 이와 같은 분배는 어디까지나 사유재산제도의 테두리 내에서, 그리고 시장 메커니즘의 안정성과 효율성을 동시에 고려하면서 이루어진다. 따라서 그와 같은 분배는 원칙적으로 '시장자본주의 내에서의 제한된 평등주의'를 지향하는 것이지, 사유재산제도와 시장제도로부터의 일탈까지도 정당화하는 급진적인 재분배가 아니다.

7. 맺음말

시장과 민주주의라는 두 제도를 배열하는 문제 곧 다양한 기본권의 우선순위를 정하는 문제는 자유주의 전통 내에서도 끊임없는 논란이 되어 온 문제로서 앞으로도 최종적인 해결책을 기대하기는 어려워 보인다. 시장과 민주주의의 관계는 구체적인 특정한 사회적, 문화적 맥락 안에서 '한시적으로만' 조정될 수 있을 것으로 보인다. 시장과 민주주의는 정부 혹은 국가권력의 통제와 일부 개인들의 효율적인 정치참여라는 관점에서는 협력자 역할을 할 수 있지만, 모든 성인들의 '평등한' 정치참여와 분배적 정의의 측면에서는 대립적인 지위에 있기도 하다. 따라서 개인들의 다양한 욕구와 필요를 충족시키기 위해서는 시장과 민주주의의 장단점은 물론 그 두 제도 사이의 상호관계를 이해하는 것이 필수적이다.

이 글을 마치면서 필자는 다음과 같은 과제를 다시 한 번 확인하게 된다. 그것은 자유민주주의의 기본 제도들을 한국인의 자기 이해를 바탕으로 어떻게 이념적, 도덕적으로 정당화할 수 있느냐 하는 것이다.[8] 자유시장과 민주주의를 지탱하는 개인적 미덕들과 의식은 한국의 문화전통을 통해 형성되는 한국인의 미덕과 의식과는 다를 수 있다. 그러므로 보수세력이든 진보세력이든 자유민주주의를 지지하고 발전시키고자 한다면 그것은 한국인의 도덕적 특성과도 부합해야 하는 바, 자유민주주의와 한국인의 도덕적, 문화적 특성의 괴리를 좁혀 가는 반성적, 실천적 노력이 절실히 요청된다고 하겠다.

참고문헌

Anderson, C. 1990. *Pragmatic Liberalism*. Chicago: The University of Chicago Press.

Appleby, J. 1992. *Liberalism and Republicanism in the Historical Imagination*. Cambridge, MA: Harvard University Press.

Bellamy, R. 1992. *Liberalism and Modern Society*. Cambridge: Polity Press.

Dahl, R. A. 1956. *A Preface to Democratic Theory*. Chicago: Chicago University Press.

____. 1961. *Who Governs?*. New haven: Yale University Press.

____. 1970. *After the Revolution?*. New Haven: Yale University Press.

____. *Dilemmas of Pluralist Democracy: Autonomy vs. Control*. New Haven: Yale University Press.

8) 앞에서 언급했듯이 이 문제는 마지막 절에서 실험적으로 논구된다.

____. *A Preface to Economic Democracy*. Berkeley, CA: University of California Press.

Dworkin, R. 1978. *Taking Right Seriously*. Cambridge, MA: Harvard University Press.

____. 1985. "Liberlism". in Dworkin, *A Matter of Principle*. Cambridge: Cambridge University Press. 1978년에 처음 발표되어 다음 책에 수록되었음. Hampshire, S. ed. 1978. *Public and Private Morality*. Cambridge University Press.

____. 1981a. "What is equality? Part 1: Equality of welfare". *Philosophy and Public Affairs*. vol. 10. 185-246.

____. 1981b. "What is equality? Part 2: Equality of Resources". *Philosophy and Public Affairs*. vol. 10. 283-345.

Gray, J. 1986. *Liberalism*. Minneapolis: University of Minnesota Press.

Gould, C. 1989. *Rethinking Democracy: Freedom and Social Cooperation in Politics, Economy and Society*. Cambridge: Cambridge University Press.

Habermas, J. 1996. *Between Facts and Norms: Contributions to a Discourse Theory of Law and Democracy*. trans. W. Rehg. Cambridge, MA: The MIT Press.

Hayek, F. A. 1960. *The Constitution of Liberty*. Chicago: The University of Chicago.

____. 1973. *Law, Legislation and Liberty*. London: Routledge & Kegan Paul.

Laclau, A. and Mouffe, C. 1985. *Hegemony and Socialist Strategy: Towards a Democratic Politics*. London: Verso.

Laclau, A. ed. 1994. *The Making of Political Identities*. London: Verso.

Nozick, R. 1974. *Anarchy, State and Utopia*. Oxford: Blackwell.

Nussbaum, M. 1990. "Aristotelian Social Democracy". in *Liberalism and the Good.* eds. Douglas, R. B., Maram, G. M. and Richardson, H. S. New York: Routledge.

____. 1992. "Non- Relative Virtue: An Aristotelian Approach". in *The Quality of Life*. eds. Nussbaum, M and Sen, A. Oxford: Clarendon Press. 242-69.

Pateman, C. 1970. *Participation and Democratic Theory*. Cambridge: Cambridge University Press.

Rawls, J. 1971. *A Theory of Justice*. Cambridge, MA: Harvard University Press.

____. 1993. *Political Liberalism*. New York: Columbia University Press.

Raz, J. 1986. *The Morality of Freedom*. Oxford: Oxford University Press.

Rorty, R. 1991. *Objectivity, Relativism, and Truth*. Cambridge: Cambridge University Press.

Sandel, M. 1996. *Democracy's Discontent*. Cambridge, MA: The Belknap Harvard University Press.

Scklar, J. 1984. *Ordinary Vices*. Cambridge: University of Cambridge Press.

Walzer, M. 1983. *Spheres of Justice*. New York: Basic Books.

"현대 자유주의의 스펙트럼과 한국사회의 보수와 진보"에 대한 논평

| 강 준 호 | 경희대 |

영국의 고전적 공리주의자 헨리 시즈위크(Henry Sidgwick)에 따르면, 우리의 직관적인 정의관은 "정치공동체에 대한 개인주의적(individualistic) 이상과 사회주의적(socialistic) 이상"을 동시에 포함하는데, 전자는 자유를 후자는 분배적 정의를 궁극적 목적으로 삼는다.[1] 그런데 자유와 분배적 정의는 본질적으로 상이한 목적들이므로, 정치공동체에 대한 두 관념들 혹은 이상들은 불가피하게 양립 불가능의 충돌을 내포한다. 이러한 주장을 달리 음미해 보면, 우리의 직관적인 정의관을 완벽하게 만족시킬 만한 정치공동체의 구성은 원천적으로 불가능하다는 뜻이다. 마치 이것을 예증하는 것

1) Henry Sidgwick, *The Methods of Ethics*, the Hackett edition(Hackett Publishing Company, 1981), p.239. 첫판은 1874년에 출간되었다.

처럼, 지난 한 세기 동안 벌어진 '이상적인' 정치공동체에 대한 철학적 논의들과 정치 이데올로기들의 복잡다단한 현실전개는 언뜻 자유주의의 — 혹은 시즈위크가 말하는 개인주의적 이상의 — 결정적인 우세를 선언한 것처럼 보이면서도, 사회주의 체제의 붕괴를 초래한 것에 버금가는 자유주의 사회 내부의 갈등구조를 가시화하였다. 그 갈등구조의 심각성은 자유주의의 승리는 완전한 승리가 아니라 단지 역사적인 우연일지도 모른다는 의혹의 여지를 남겨두었다.

가시화된 자유주의 사회 내부의 갈등은 "자유주의의 내적 분화를 촉진, 자유주의의 이데올로기적 스펙트럼 형성의 체제적 토대"가 되었는데, 김비환 교수(이하 필자)의 이 논문은 서두에서 밝히는 것처럼 이러한 자유주의의 스펙트럼을 한눈에 조망할 수 있는 단순화된 도식을 제공하는 것을 제 1의 목표로 삼고, 다시 이러한 도식을 바탕으로 한국사회의 보수진영과 진보진영이 자유주의의 스펙트럼 속에서 어떤 위치를 점하는지는 보여주는 것을 제 2의 목표로 삼는다.

자유주의의 스펙트럼을 분석함에 있어서 필자의 기본 착상은, 현대 자유주의 사회의 가장 핵심적인 제도는 시장제도와 민주주의 제도이며, 이 두 제도들 가운데 어느 편에 더 비중을 두느냐에 따라서 한 이론의 스펙트럼 내에서의 위치가 결정된다는 것이다. 그는 자유주의의 스펙트럼 자체를 세 개의 단순화된 영역들로 분할한다: ① '우익' 자유주의는 시장제도를 우선시하는 자유주의를, ② '균형적' 자유주의는 시장제도와 민주주의 제도를 균등하게 고려하는 자유주의를, ③ '좌익' 자유주의는 민주주의 제도를 우선시하는 자유주의를 지칭한다. 그리고 각 분할된 영역에 현대 자유주의 이론가들을 배치하고 그들의 기본적인 주장들과 미묘한 유사성 및 차이점들을 설명하는 것에 논문의 대부분이 할애된다.

필자가 논의의 대상으로 삼은 이론가들은 한 편의 논문에서 다루어지기에 적은 수가 아니다. 물론, '자유주의'라는 거대한 주제를 담아내기 위하여 결코 많은 수도 아니지만, 한 편의 논문 안에서 이만큼 현대의 주요 자유주의 이론가들을 체계적으로 분류하고 명료한 해설을 제공하는 논문은 전무후무하리라 생각한다. 다만 논평자가 아쉽게 생각하는 몇 가지 사소한 점들을 지적하고자한다.

필자가 한 자유주의 이론가를 자신이 도식화한 각 영역에 편입시키는 기준은 그 이론가가 시장제도와 민주주의 제도의 상호관계를 규정하는 기본적인 전제에 의거한다. 예컨대 우익 자유주의에 편입된 노직(R. Nozick), 호스퍼스(J. Hospers), 랜드(A. Rand) 등에 관한 설명에서, 그들은 모두 사유재산권과 계약의 자유를 바탕으로 개인의 자유로운 시장경제 활동에 관련된 권리들을 절대화하고 이러한 권리들을 보호하는 역할만을 수행하는 '최소국가'의 이념에 찬성한다는 공통점을 부각시킨다. 나머지 자유주의 영역들에 관한 설명도 거의 유사한 방식으로 전개된다. 그리고 이러한 설명에는 각 영역에 속하는 이론가들이 각 영역에 특징적인 기본 전제로부터 전개하는 구체적인 주장들의 차이점도 적절하게 기술되어 있다. 다만 논평자는 필자가 조금 더 친절함을 발휘하여 다른 설명을 조금 줄이더라도 독자들로 하여금 그가 도식화한 세 영역의 자유주의를 평가할 수 있는 계기를 제공한다면, 이 논문이 기존 이론들의 단순한 분류가 아니라 비판적인 고찰로 승격될 수 있었으리라 생각한다. 예컨대 필자는 우익 자유주의에 대한 설명을 마감하면서 우익 자유주의는 시장경제의 방임으로부터 초래되는 빈부의 격차를 용인하는 경향을 보여준다는 사실을 거의 지나가듯이 언급하였으나, 이 외에도 우익 자유주의가 지향하는 사회는 자유로운 시장경제 활동에 관련된 절대적인 권리들과 '최소국가' 이념 사이의 내적인 모순에 의하여 결국 극도의 불안정한 상태에 도달할 가능성이 있다는 일반적인 지적이 있다는 것과 이 지적에 대한 그들의 가능한 변론이 무엇일지에 관해 짤막하게라도 언급되었으면 더 좋았으리라고 생각한다. 이것은 다른 자유주의 영역들에 대한 설명에도 해당된다.

논평자는 필자가 자유주의의 영역을 세 영역으로 단순화한 것과 '우익'과 '균형적' 자유주의에 포함시킨 이론가들의 목록에 대해 별다른 이의가 없다. 하지만 마지막 '좌익 자유주의'에 지나치게 넓은 영역을 할당한 것이 아닌가라는 의구심을 가져본다. 사실 이러한 의구심은 그가 이 영역에 적합하지 않은 이론가들을 편입시켰기 때문이 아니라 그의 설명에 다소 오해의 소지가 있음을 말한다. 예컨대, 다알(Robert Dahl)에 관한 설명에서 가장 핵심적인 개념은 근로자들에 의한 기업의 '자치경영'(self-management) 개념이다. 그런데 역사적으로 근로자들에 의한 '자치경영' 개념은 생산과정을 합리화하고 근로자의 창조적인 역량을 계발하려는 사회주의적 요구였다. 아마도 다알은 이 개념의 그러한 사회주의적 맥락을 인정하고 싶지 않았거나 의도적으로 배제하려 했던 것처럼 보인다. 그래서 그가 말하는 근로자들의 '자치경영'이란 기껏해야 회사 주주들이 그 회사의 관리자를 선출할 수 있는 수준의 정치적 참여를 의미할 뿐이라는 사회주의 진영에서의 비판도 무시할 수 없다. 그런데 이 논문에서 주어진 설명만으로는 마치 다알의 주장이 전통적인 사회주의의 주장과 뚜렷하게 구별되지 않는 것처럼 들린다.

‘머리말’에서 필자는 ‘자유주의 대 사회주의’라는 전통적인 이분법이 해체되고, 사회주의를 ‘자유주의의 급진화’라는 관점에서 재해석할 수 있다는 가능성을 언급한다. 하지만 자유주의와 사회주의의 구분이 여전히 건재하다고 가정한다면, 예컨대 그는 좌익 자유주의의 영역에 편입하고 있는 굴드(Carol Gould)는 일종의 사회주의자로 — 마르크스가 부정적인 의미로 사용했던 ‘공상적 사회주의’(utopian socialism)나 굴드 자신이 주장하는 것처럼 ‘시장 사회주의’(market socialism)로 — 분류하는 것이 더 타당하지 않을까? 그녀는 자본과 노동 사이의 시장을 인정하지 않으며, 사유재산권이나 영리추구권 등의 권리들을 인정하면서도 ‘투자수익’(income from investment)을 인정하지 않는 등등, 그녀가 말하는 시장은 자유주의의 핵심 제도로서의 시장과 너무나 거리가 멀다. 그리고 굴드 역시 근로자들에 의한 ‘자치경영’ 개념을 강조하는데, 다알의 그것과는 달리 근로자들이 회사경영의 거의 모든 사안들의 결정에 참여하는 적극적인 ‘자치경영’ 개념으로서 전통적인 사회주의적 요구와의 연계가 뚜렷하며 그녀도 이를 애써 부정하지 않는다. 따라서 그녀를 굳이 ‘자유주의’ 이론가로 분류하려는 것은 다소 억지스럽게 들린다. 이것은 왈쩌(M. Walzer)의 경우에도 해당된다고 생각한다. 논평자는 시장제도와 민주주의 제도의 상대적 비중을 토대로 자유주의의 스펙트럼을 단순화하려는 기본적인 착상을 반대하는 것은 아니며 오히려 찬성하는 입장이지만, ‘사회주의’라는 말을 아예 지워버리려는 듯한 입장을 정당화하려면 사회주의 체제의 붕괴나 탈사회주의적 추세라는 현상들 이외에 몇 가지 다른 이론적 근거들이 제시될 필요가 있다고 생각한다.

이 논문의 두 번째 목표는 전반부에서 분석된 자유주의의 스펙트럼을 참조하면서 한국 자유주의의 성격을 보수주의와 진보주의라는 두 범주를 통하여 살펴보려는 것이다. 논평자는 필자가 논문의 서두에서 두 가지의 목표를 마치 대등한 중요성을 지닌 것처럼 열거한 것에 비하여, '한국사회의 보수와 진보'라는 두 번째 목표에 관련된 절이 다소 왜소하여 글 전체가 균형적이지 못하다는 인상을 받았다. 하지만 압축적이면서도 명료한 해설은 본래의 목표를 충실히 달성하고 있다고 생각한다. 이와 관련해서도 비판이라기보다는 몇 가지 아쉬운 점들을 지적하고자 한다.

필자는 한국의 진보주의와 보수주의를 설명하면서, 그것이 앞에서 설명한 자유주의의 스펙트럼 내에서 대략 어디쯤에 위치하는지에 대하여 분명하게 밝히지 않는다. 그의 설명에 의하면, 한국의 보수주의는 "고전적 의미의 경제적 자유주의를 한국 특유의 권위주의적 국가주의와 기묘하게 결합시킨 형태라고 할 수 있다." 기본적으로는 시장경제에 국가가 개입하는 것을 반대한다는 입장에서 한국의 보수주의는 우익 자유주의에 가깝다고도 보인다. 한국의 보수주의 진영은 박정희 시절부터 소위 '안정희구세력'을 자신의 정치적 지지기반으로 삼아 왔다. 여기서 말하는 '안정'이란 정치적 안정뿐만 아니라 안정적 경제생활기반의 확보를 의미하며, 이것이 결코 정치참여 기회의 균등이나 분배적 정의를 지향하지는 않았지만 안정희구세력의 이탈을 막기 위하여 (예컨대 강력한 물가안정 정책들이나 중산층을 확대하는 정책들을 채택함으로써) 국가가 적극적으로 시장경제에 개입하는 것을 용인해 왔다고 볼 수도 있다. 그러나 보수주의 진영이 용납한 국가의 개입은 '공정한' 자유시장경제를 확립하기 위한 시장의 근본적인 '개혁'이 아니었으므로, "기존의 (왜곡되어 있는) 시장경제를 선호"한다는 필자의 표현이 틀리지는 않다. 물론, 현실은 한국정치의 주도권은 과거 보수정당들로부터 진보나 개혁을 표방하는 정당들로 옮겨왔는데, 경제는 오히려 이전보다 훨씬 자유방임적으로 흘러가는 것처럼 보이는 이해하기 어려운 현상을 보여주지만 말이다. 이러한 문제는 제쳐두고, 이 논문을 처음부터 읽어온 사람이라면 당연히 궁금해할 법한 문제는 한국의 진보주의 혹은 소위 '온건 진보주의'가 자유주의의 스펙트럼에서 차지하는 위치가 대략 어디쯤인가일 것이다. 이 물음에 대한 설명은 한국의 진보주의와 '온건 진보주의'가 해결해야 할 문제들에 대하여 더욱 크고 명료한 그림을 제공할 수 있었을 것이라 생각한다.

마지막으로 논평자가 아쉬워하는 점은, 필자는 글 전체에 걸쳐서 지나치게 중립적인 입장을 견지한다는 것이다. 각 자유주의 영역에 대해서도 그러하고, 한국의 보수주의와 진보주의에 대해서도 그러하다. 물론, 이러한 입장의 장점은 각 논의의 대상들을 공정하게 기술할 수 있다는 것이겠지만, 중립적인 입장을 취한다는 것이 어떠한 개인적인 평가도 보류하려는 태도를 의미하지는 않는다고 생각한다.

자유주의에 대한 위협

| 복 거 일 | 저술가 |

1. 자유주의의 정의

자유주의는 정의하기가 무척 힘들다. 무엇보다도, 쓰는 사람에 따라 그 말의 뜻이 상당히 달라지기 때문이다. 그래서 먼저 자유주의자를 정의하고 그가 추구하는 이념을 묘사하는 것이 오히려 실제적이다.

영국의 경제학자 새뮤얼 브리튼(Samuel Brittan)은 자유주의자의 모습을 잘 그렸다.

"자유주의자는 개인적 자유에 특별한 가치들 두는 사람이다. 그는 실제적 또는 잠재적 선택의 행사에 대한 인위적 장애들의 수를 줄이기를 바란다.

여기 개재된 '자유'의 개념은 이사야 벌린 경이 '소극적 자유'라고 부른 것이다. 한 사람은 다른 사람이 그의 행위에 간섭하지 않는 범위까지 자유롭다고 할 수 있다. 자유는 평등, 자치, 번영, 안정 또는 어떤 다른 바람직한 상태와 같은 것이 아니다."

(A liberal is someone who attaches special value to personal freedom. He desires to reduce the number of man-made obstacles to the exercise of actual or potential choice.

The concept of 'freedom' involved is what Sir Isaiah Berlin has called 'negative freedom'. A man is said to be free to the extent that no other human being interferes with his activity. Freedom is not the same thing as equality, self-government, prosperity, stability or any other desirable state of affairs.)

[『경제적 자유주의의 재천명』(*A Restatement of Economic Liberalism*)]

'소극적 자유'를 자유의 핵심으로 삼는 태도는 대체로 무난한 것처럼 보인다. 그러나 자유를 그렇게 보는 일엔 여러 철학적 문제들이 따른다는 사실도 유념해야 할 것이다. 아마도 당장 문제가 되는 것은 자유를 정의하는 데 필수적인 제약(constraint)이라는 개념의 뜻이 명확하지 않다는 점일 것이다. 그래서 존 파인버그(John Feinberg)의 조심스러운 동의는 음미할 만하다: "나는 적극적 자유와 소극적 자유를 구별하는 것을 가리키는 이런 방식은, 제약이라는 개념이 인위적으로 제한되는 경우에만, 그럴 듯하게 보인다고 생각한다."(I think this way of indicating the distinction between positive and negative freedom will seem plausible only if the idea of a constraint is artificially limited.)

그런 조건 아래서, 자유주의는 "사회적 강제를 되도록 줄여서 개인들의 자유를 한껏 보장하는 것이 옳다"는 이념이라 할 수 있다. 자유주의자들은 사회의 움직임에서 사회적 선택들을 되도록 줄이고 개인적 선택들을 한껏 늘려야 한다고 주장한다. 개인적 선택들은 흔히 '시장'이라 불리므로, 그들은 사회적 선택들을 수행하는 정부의 몫을 되도록 줄이고 시장의 몫을 한껏 늘려야 한다고 늘 외친다.

그러나, 통념과는 달리, 자유주의자들이 개인적 자유만을 앞세우는 것은 아니다.

> "모든 공공정책들을 어떤 하나의 중심적 목표에서 이끌어낼 필요는 없다. 자유주의자들을 포함한 우리들의 다수가 만족시키려 하는 다수의 목표들이 있다. 이 목표들은 때로 보완적일 수 있고 때로는 서로 경쟁적이기도 하다. 자유주의자는 다른 목표들에 비해서 자유에 특별히 큰 중요성을 두지만, 그가 그것에 전적으로 우선순위를 주고 다른 목표들을 무시할 필요는 없다. 한 사람의 자유는 그것이 다른 사람의 자유에 간섭하는 한 제약되어야 하고 자유의 다른 유형들 가운데서 선택이 이루어져야만 할 수도 있으므로, 절대적 자유는 가능한 목표조차 아니다."
>
> (There is no need to derive all public policy from any one central goal. There is a plurality of goals which most of us, including liberals, seek to satisfy. These goals may sometimes be complimentary, but at other times are competitive with each other. A liberal attaches a specially great importance to freedom compared with other goals, but he need not give it total priority and ignore other goals. Absolute freedom is not even a possible objective, as one man's freedom must be limited to the extent that it interferes with the freedom of another, and there may have to be a choice between different types of freedom.)
>
> [같은 책]

자유주의라는 개념은 흔히 민주주의와 연관되어 쓰이고 그 두 개념들 사이의 관계를 조명하는 것은 자유주의의 본질을 드러내는 데 도움이 되므로, 그 둘을 대조하고 변별하는 것이 좋을 것이다. 하이에크(Friedrich A. Hayek)의 설명은 아주 깔끔하다.

"법 앞의 평등은 모든 사람들이 법을 만드는 데서도 또한 같은 몫을 지녀야 한다는 요구로 이끈다. 이것은 전통적 자유주의와 민주주의 운동이 만난 지점이다. 그것들의 주요 관심 사항들은 그러나 다르다. 19세기 유럽에서 쓰인 뜻으로서의 자유주의는, 민주적이든 아니든, 모든 정부들의 강제력을 제한하는 것에 관심을 쏟았고, 반면에 교리적 민주주의자는 정부에 대한 단 하나의 제약밖에, 즉 당시의 다수의견밖에, 모른다. 두 이상들의 차이는, 만일 우리가 그것들의 역들을 든다면, 아주 뚜렷이 드러난다: 민주주의의 역은 권위주의적 정부이고, 자유주의의 역은 전체주의이다. 그 두 체계들의 어느 쪽도 다른 쪽의 역을 꼭 배제하지 않는다: 민주주의는 전체주의적 권력을 휘두를 수 있고, 권위주의적 정부가 자유주의적 원칙들에 바탕을 두고 행동하는 것을 생각할 수도 있다. […] 자유주의는 법이 어떠해야 하느냐 하는 문제에 관한 교리이고, 민주주의는 무엇이 법으로 되느냐 결정하는 방법에 관한 교리이다."

(Equality before the law leads to the demand that all men should also have the same share in making the law. This is the point where traditional liberalism and the democratic movement meet. Their main concerns are nevertheless different. Liberalism (in the European nineteenth-century meaning of the word […]) is concerned mainly with limiting coercive powers of all government, whether democratic or not, whereas the dogmatic democrat knows only one limit to government current majority opinion. The difference between the two ideals stands out most clearly if we name their opposites: for democracy it is authoritarian government; for liberalism it is totalitarianism. Neither of the two systems necessarily excludes the opposite of the other: a democracy may well wield totalitarian powers, and it is conceivable that an authoritarian government may act on liberal principles. [···] Liberalism is a doctrine about what the law ought to be, democracy a doctrine about the manner of determining what will be the law.)

[『자유의 헌법』(*The Constitution of Liberty*)]

2. 자유주의의 뜻의 왜곡

자유를 싫어하는 사람은 없다. 다른 사람들의 자유를 못마땅하게 여기는 사람도 자신의 자유는 소중하게 여긴다. 따라서 자유주의라는 말은 대체로 인기가 높다. 자유주의의 적들이 자유주의라는 말로 자신들의 이념과 태도를 치장하려고 시도해 온 것은 그래서 이상하지 않다. 그리고 그들의 그런 시도들은 흔히 성공했다. 그런 시도들은 경제 분야에서 특히 성공적이었다. 슘페터(Joseph Schumpeter)는 이 점을 처음 지적한 사람들 가운데 하나다.

"[경제적 자유주의]라는 용어는 1900년경 이후 그리고 특히 1930년경 이후 다른 실은 거의 반대되는 뜻을 얻었다: 최고의, 어쩌면 의도되지 않은, 칭찬으로, 민간기업 체제의 적들은 그 표지를 빼앗아 가는 것이 현명하다고 생각했다."

([T]he term [Economic Liberalism] has acquired a different in fact almost the opposite meaning since about 1900 and especially since about 1930: as a supreme, if unintended, compliment, the enemies of the system of private enterprise have thought it wise to appropriate its label.)

[『경제 분석의 역사』(*History of Economic Analysis*)]

역설적으로, 이런 도착 현상은 자본주의 체제와 자유주의 이념이 가장 번창한 미국에서 가장 두드러졌다. 이 점은 미제스(Ludwig von Mises)의 경험에서 잘 드러난다. 그는 1927년에 독일에서 『자유주의』(*Liberalismus*)를 펴냈는데, 1962년에 이 책의 영역본을 펴낼 때 미국에선 자유주의라는 말의 도착이 하도 심해서 그는 『자유주의』(*Liberalism*)란 원래의 제목을 쓰지 못하고 대신 『자유롭고 번영하는 연방』(*The Free and Prosperous Commonwealth*)이라는 제목을 달았다. 이런 사정은 지금도 바뀌지 않았다.

"자유주의라는 용어는 요즈음 논의에선 하도 확장되어서 많은 사람들에게 그것은 막연한 '좋은 일 하기'를 뜻한다. 실제로, 미국에서 '자유주의자'는 흔히 중앙정부의 권한과 역할을 늘리기를 바라는 사람들의 표지다."

(The term liberalism has become so extended in contemporary discourse that for many people it means nothing more than a vague 'do-goodism' indeed, in the USA 'liberal' is often a label for those who wish to extend the authority and role of the central government.)

[새뮤얼 브리튼, 『경제적 자유주의의 재천명』]

그러나 『인간 행동』(*Human Action*)의 1963년 판 서문에서, 미제스는 자유주의 철학을 따르는 사람들은 '자유주의자'(liberal)라는 말을 탈환해야 한다고 역설했다. 자유시장을 육성하고 정부의 권력을 제한하고 개인들의 자유를 보장함으로써 현대 문명을 낳은 위대한 정치적, 지적 운동을 뜻하는 말로는 그 말보다 나은 것이 없기 때문이다. '개인주의자'(Individualist)라는 말도, '자유방임주의자'(Libertarian)라는 말도 적당치 않다.

근년엔 자유주의에 적대적인 세력들에 의해 전통적 자유주의를 '신자유주의'(neo-liberalism)라 부르는 관행이 정착되었다. 전체주의는 원래 갈래가 많다. 여러 전체주의 청사진들이 나왔고, 그것들이 현실에 적용되면서 차례로 비현실적임이 증명되었으므로, 변태(metamorphosis)가 불가피했다. 그러나 자유주의는 이념적 편차가 비교적 작았고 현실에의 적용에서 실패한 적이 없었으므로, 뚜렷한 변태가 없었고 다만 과학의 발전에 따른 진화만이 있었다. 자연히, 현대의 자유주의를 신자유주의라고 부를 까닭이 전혀 없었다. 자유주의에 적대적인 세력의 선전적 필요 말고는. 따라서 자유주의자들은 자신들에게 붙여진 '신자유주의'라는 표지를 거부해야 한다.

불행하게도, 그런 노력은 거의 이루어지지 않았다. 브리튼처럼 뛰어나고 영향력이 큰 자유주의자까지도 '신자유주의'라는 표지를 받아들이자고 나선 형편이다.

"자유주의에 관한 논의들은 겹치는 용어들의 혼란스러운 덩어리에 의해 지장을 받는다. 금세기 초엽에 메도우크로프트의 간섭주의적 자유주의자들은 '신자유주의자들'로 알려졌다 오늘날 그들은 흔히 좌파 자유주의자들로 그러나 때로는 '미국적 의미에서의 자유주의자들'로 불린다. 로크의 전통에 속한 사람들은 '유럽적 의미에서의 자유주의자들' 또는 (그들의 적대자들에 의해) 극단적 자유주의자들, 앵글로-색슨 자본주의 지지자들, 자유방임주의자들, 또는 (매우 잘못 인식되게) 신우파로 불릴 수 있다. 말들에 관한 주장들 때문에 논의가 수렁에 빠지는 것을 피하기 위해서, 랄프 다렌도프의 제안을 따라 19세기 초엽의 원조 자유주의자들을 고전적 자유주의자들로, 더욱 간섭주의적인 사람들을 사회주의적 자유주의자들로('사회적'이란 말을 사랑하므로, 그들은 불평하기 어려우리라), 그리고 현대의 제한된 국가를 주창하는 사람들은 신자유주의자들로 부르는 것이 쓸모가 있을 것이다. 후자는 물론 자신들을 고전적 자유주의의 상속자들로 여긴다."

(Discussions of liberalism are hampered by a confused mass of overlapping terminology. Meadowcroft's interventionist liberals were known at the beginning of this century as New Liberals; today they are often called left liberals, but sometimes 'liberals in the American sense'. Those in the Locke tradition may be called 'liberals in the European sense' or (by their opponents) ultra-liberals, supporters of Anglo-Saxon capitalism, libertarians, or (very misleadingly) the New Right. To avoid becoming bogged down in arguments about words, it might be useful to follow Ralf Dahrendorf's suggestion and call the original liberals of the early nineteenth century classical liberals, the more interventionist ones social liberals (they can hardly complain as they love the word social) and the modern exponents of a limited state, neo-liberals. The latter, of course, regard themselves as the heirs to classical liberalism.)

[새뮤얼 브리튼, 『도덕적, 정치적 그리고 경제적 논문들』
(*Essays, Moral, Political and Economic*)]

이미 자리잡은 관행을 바꾸기는 물론 무척 힘들다. 그러나 자유주의라는 말을 탈환하지 않고서, 자유주의 이념과 체제가 제대로 자리잡을 수는 없다. '사회주의적 자유주의자'(social liberal)와 같은 명사의 모순이나 '신자유주의자'(neo-liberal)와 같은 불순한 의도에서 나온 표지를 받아들이는 것은 자유주의자들에겐 성급한 패배주의에 지나지 않는다. 이념적 갈등은 앞으로도 오래 이어질 터이므로, 자유주의자들은 장기적 관점에서 이 문제를 살펴야 한다.

3. 경제적 자유주의의 공헌과 위기

자유주의와 전체주의 사이의 멈추지 않는 싸움은 처음부터 주로 경제 분야에서 나왔다. 따라서 자유주의를 실질적으로 대표한 것은 경제적 자유주의였다. 경제적 자유주의는, 슘페터의 표현을 빌리면, "경제 발전과 일반 복지를 함양하는 가장 좋은 길은 민간기업 경제로부터 족쇄들을 풀어서 그것을 내버려두는 것이라는 이론"(the theory that the best way of promoting economic development and general welfare is to remove fetters from the private-enterprise economy and to leave it alone)이다.

두 이념들이 그렇게 주로 경제 분야에서 맞부딪치게 된 까닭은 다음과 같다.

첫째, 의회 정치, 투표의 자유, 언론의 자유, 정치와 종교의 분리, 사법적 정의와 같은 것들을 내용으로 삼는 정치적 자유주의(political liberalism)에 대해선 드러내놓고 반대하는 세력들이 드물었다.

둘째, 자유의 핵심은 경제적 자유다. 재산권에 바탕을 둔 경제적 자유 없이 다른 자유들이 존재할 수 없다. 이 점은 70여 년에 걸친 공산주의 실험으로 이론의 여지없이 증명되었다.

셋째, 자본주의의 대안으로 나온 여러 가지 사회주의 체제들이 주로 경제적 조직 문제를 다루었다. 그래서 자유주의와 사회주의 사이의 논쟁도 자연스럽게 사회주의가 과연 경제 조직의 문제들을 제대로 해결할 수 있느냐 하는 데에 맞춰졌다. 1920년대 초엽에 미제스의 문제 제기로 시작되어 공산주의 체제가 무너질 때까지 이어졌던 '사회주의 계산 논쟁'(socialist calculation debate)은 이런 사정을 잘 보여준다. 이 논쟁을 통해서 사회주의는 '시장 사회주의'(market socialism)란 형태로 최종적 이론을 다듬어냈고 오스트리아 학파는 지식의 본질과 존재 형식에 주목하는 학파라는 원숙한 모습으로 진화했다.

근년에 진화심리학의 성과는 자유주의 이론적 근거를 더욱 튼실하게 만들었다. 개명된 이기주의라 할 수 있는 '상호적 이타주의'(reciprocal altruism)는 생물들의 진화와 발전을 미는 동력이라는 것이 설득력 있게 제시되었다. 특히 상호적 이타주의적 행태는 중앙의 권위(central authority) 없이도 스스로 질서를 이룬다는 발견은 '보이지 않는 손'의 작용을 잘 설명했다.

경제적 자유주의는 전체주의와의 싸움에서 끝내 이겼다. 이념적 투쟁이 이처럼 깔끔하게 승패가 결정된 적은 역사상 드물었다. 그리고 그 과정에서 인류에게 역사상 처음 보는 풍요와 자유를 주었다.

불행하게도, 경제적 자유주의의 이런 공헌은 그 공헌으로 잘 살게 된 사람들 모두로부터 감사를 받지는 않았다. 오히려 경제적 자유주의는 그것으로부터 혜택을 받은 사회들에서 더 거센 비난과 도전을 받고 있다. 그런 사태는 이미 오래 전에 예견되었으니, 슘페터는 성공한 자본주의가 얕은 지식을 지닌 지식인들을 양산하여 스스로 파멸의 씨를 만든다고 진단했고, 하이에크는 대중매체의 발달은 얕은 지식을 갖춘 전달자(communicator)들의 영향력을 늘려서 자본주의와 경제적 자유주의에 대한 위협을 늘린다고 설명했으며, 밀턴 프리드먼(Milton Friedman)은 시장 덕분에 차별을 덜 받는 사람들이 자본주의에 존재하는 잔류적 수준(residual level)의 사회악을 자본주의의 잘못으로 돌리는 어리석음을 범한다고 걱정했다.

이런 현상은 물론 세계적이다. 그러나 특수한 역사적 상황 때문에 우리 사회에선 특히 거세다. 마침내 근년엔 경제적 자유주의를 부정하는 단체주의(corporatism)가 우리 사회의 공식적 이념으로 등장했다. 단체주의가 원래 민족사회주의(national socialism)의 공식적 이념이었다는 사실은 이런 현상의 심각성을 일깨워준다. 이제 민족사회주의 사조는 경제 분야를 넘어 온 사회에 널리 퍼지고 있다.

따라서 자유주의자들은 우리 사회에 늘 거센 사상적 조류였던 전체주의가 다시 변태해서 새로운 모습으로 나왔다는 사실에 주목해야 한다. 민족주의가 유난히 거센 사회에서 민족주의와 전체주의가 결합했다는 사실은 특히 음산한 함의들을 지녔고 당장 우리 사회의 자유를 크게 위협한다. 이제 자유주의자들은 민족사회주의의 대두에 대해 진지하게 살피고 심각하게 성찰해야 한다.

4. 민족사회주의의 대두

1) 한국 민족사회주의의 뿌리

반 세기가 넘는 대한민국의 역사에서 두드러진 추세들 가운데 하나는 '이념적 좌측 이동'(ideological leftward-shift)이다. 자유민주주의 이념과 자본주의 체제를 구성 원리로 삼았으므로, 우리 사회는 처음부터 우파 사회였다. 그리고 적대적 좌파 사회인 북한의 위협과 좌우파의 대결이었던 6·25 전쟁의 교훈은 우리 사회를 극단적 우파 사회로 만들었다. 사정이 그러했으므로, 상황이 차츰 안정되면서, 우리 사회가 이념적으로 꾸준히 좌측 이동을 한 것은 자연스럽다. 특히 1970년대와 1980년대의 압제적 군부 정권들 아래서 체제에 실망한 사람들은 마르크스주의로 향했고 젊은 세대들의 좌측 이동은 특히 두드러졌다.

그러나 1990년대 초엽 동유럽의 공산주의 체제들의 몰락은 마르크스주의에서 마법적 후광을 앗아갔다. 공산주의의 실상이 제대로 알려지면서, 공산주의는 억압과 가난을 불러올 수밖에 없다는 자유주의자들의 주장이 이론의 여지없이 증명되었다. 그런 상황은 우리 사회에서 정통적 사회주의 이념이 설 땅을 거의 다 없앴다. 그러나 이미 도도한 사조가 된 사회주의 이념이 갑자기 사그라질 수는 없었고, 그것은 정통적 사회주의의 또렷한 모습 대신 민중주의(populism)의 흐릿한 모습을 지니게 되었다. 이런 변화의 결정적 요인은 마르크스주의와 민중주의는 단순주의(simplism)의 특질을 공유했고 그 점에서 친화적이라는 사실이었다. '공산주의 실험'이 참담한 실패로 끝난 터라, 마르크스주의를 드러내놓고 추종할 수는 없게 되었지만, 마르크스주의에 젖은 사람들이 선뜻 마르크스주의적 세계관을 버릴 리도 없었다. 그런 상황에서 마르크스주의와 아주 동질적인 민중주의는 그들에게 매력적으로 다가왔을 터이다.

1997년에 좌파 정권이 들어서자, 민중주의 사조는 문득 변태해서 새로운 모습을 갖추었다. 좌파가 선거에서 승리해서 자신감을 회복했고 국가 권력을 장악해서 이념을 정책들로 구체화할 수 있는 기회를 얻었으므로, 이런 변태는 아마도 필연적이었을 터이다. 그런 변태에서 나온 좌파 이념의 모습이 민족사회주의(national socialism)였다. 그리고 다시 선거에서 이겨 권력을 계속 누리게 되자, 민족사회주의는 문득 우리 사회의 가장 강력한 이념이 되었고 그것의 본질적 특질들을 점점 짙게 띠었다.

2) 한국 민족사회주의의 성장

그렇게 갑작스러운 변태를 낳은 힘은 민족주의였다. 근세 조선의 역사가 그러한지라, 우리 사회에서 민족주의는 아주 강렬할 수밖에 없었다. 그래서 모든 이념들이 민족주의의 거센 자장권 안에 놓였고 민족주의에 적응해야만 했다. 이런 사정은 이념적 지형을 아주 복잡하게 만들었다. 같은 민족으로 이루어졌으면서도 적대적인 남북한은 어쩔 수 없이 2인 비영합경기(two-person non-zero-sum game)에 매달리게 되었다. 그래서 남북한은 경쟁과 협력을 동시적으로 추구하게 되었고, 특히 통일이라는 공동의 목표를 앞세우게 되었다. 자연히, 우리 사회에서 민족주의는 늘 생명력이 넘치는 이념이었다.

1990년대에 남북한 사이의 관계는 적어도 겉으로는 개선되었다. 반면에, 북한과 미국 사이의 관계는 아주 나빠졌다. 그런 상황은 남한을 곤혹스러운 처지로 밀어 넣었다. 북한의 위협은 여전한데, 거센 민족주의는 북한에 대한 현실적 정책을 비현실적으로 만들었고 남한의 안전에 필수적인 미국과의 동맹을 점점 인기 없는 정책으로 만들었다. 마침내 같은 민족으로 이루어진 남북한이 협력해서 미국에 대항하자는 북한의 선전이 남한에서 상당한 추종세력을 거느린 지경에 이르렀다.

북한의 선전으로 활성화될 만한 민족주의는 맹목적일 수밖에 없지만, 바로 맹목적이라는 점이 그런 민족주의를 더욱 거칠게 만든다. 그리고 일반적으로 그렇게 맹목적이고 거친 민족주의는 이미 사회주의에 호의적이고 북한에 대해서 포용적 태도를 지닌 사람들을 끌어 모은다. 그렇게 달구어진 환경에서 민족주의는 사회주의와 자연스럽게 결합되었고, 좌파 이념은 문득 변태해서 민족사회주의라는 모습으로 나타났다.

민족사회주의가 나오려면, 그것이 자라나기 좋은 정치적 틈새가 있어야 한다. 고전적 민족사회주의 체제들이었던 파시즘과 나치즘은 제1차 세계대전으로 유럽사회에서 전통적 가치가 권위를 잃고 자유민주주의 체제가 사회문제들을 제대로 풀지 못한 상황에서 생겨났고 빠르게 자라났다. 우리 사회에서 민족사회주의가 자라난 정치적 틈새는 군부 정권의 압제적 통치로 자유민주주의 이념이 권위와 매력을 잃었고 꾸준히 늘어난 사회주의의 영향으로 자본주의 체제에 대한 반감은 널리 퍼진 상황이었다.

여기서 주목할 것은 우리 사회에서 민족사회주의가 '악마화된 적들'(demonized enemies)을 자양으로 자라났다는 점이다. 파시즘과 나치즘이 '악마화된 적들'을 표적으로 삼아서 세력을 키웠다는 사실은 잘 알려졌다. 우리 사회에서 악마화된 내부의 적들은 친일파, 군부 정권, 그리고 재벌이었고 악마화된 외부의 적들은 일본과 미국이었다. 거센 반일 감정과 반미 감정이 없었다면, 민족사회주의가 우리 사회에서 그렇게 빠르게 득세할 수 없었을 터이다.

5. 민족사회주의의 역사와 성격

1) 민족사회주의의 역사

민족사회주의라는 용어는 19세기 말엽 프랑스에서 처음 쓰였다. 이름이 또렷이 가리키는 것처럼, 민족사회주의는 민족주의와 사회주의라는 두 요소들로 이루어진 이념이다. 민족주의와 사회주의는 아주 친화적이다. 둘 다 단순주의적 특질을 짙게 띠어서, 세계관과 정책에서 비슷하다. 그리고 둘 다 궁극적 가치를 개인들이 아니라 집단에 둔다. 그것들은 개인들이 가치의 궁극적 귀속처라는 점을 부인하고 개인들은 그들이 속한 집단을 위해 봉사할 때 비로소 자아를 실현할 수 있다고 주장한다.

좀더 일반적으로, 모든 집단주의 이념들은 민족주의의 성격을 짙게 띨 수밖에 없다. 이 점은 이미 하이에크의 통찰로 밝혀졌다.

> "집단주의적 정책이 민족주의적으로 되는 보편적 경향을 전적으로 머뭇거리지 않는 지지를 확보할 필요 때문이라고 여기는 것은 또 하나의 그리고 결코 덜 중요하지 않은 요인을 무시하는 것이 될 터이다. 실은 제한적 집단에 봉사하는 것이 아닌 집단주의적 프로그램을 누가 현실적으로 꾸며낼 수 있을까, 민족주의든 인종주의든 또는 계급주의든, 어떤 종류의 특수주의의 형태와 다른 어떤 형태로 집단주의가 존재할 수 있을까, 하는 물음을 던질 수 있다."
>
> (To treat the universal tendency of collectivist policy to become nationalistic as due entirely to the necessity for securing unhesitating support would be to neglect another and no less important factor. It may indeed be questioned whether anybody can realistically conceive of a collective programme other than in

the service of a limited group, whether collectivism can exist in any other form than that of some kind of particularism, be it nationalism, racialism, or classism.)

[『예종에의 길』(*The Road to Serfdom*)]

집단주의적 이념들이 결합했다는 사실에서 예측할 수 있는 것처럼, 민족사회주의는 무척 집단주의적이고 개인들의 자유와 권리에 대해서 극도로 적대적이다. 그것은 민족이 모든 가치의 궁극적 귀속처이며 사회주의 정책들은 민족이 그 운명을 실현하는 수단이라고 주장한다. 그래서 두 이념은 지위에서 동등하지 않다. 개인들의 자기 이익에 직접적으로 바탕을 두었으므로, 민족주의는 사회주의보다 훨씬 강력하다. (이 점을 보여준 역사적 사건들 가운데 가장 잘 알려진 것은 제 1 차 세계대전에 반대했던 사회주의 지도자들의 실패이다. 사회주의 지도자들은 노동자들에게 전쟁에 참가하지 말라고 요구했다. 그러나 전쟁이 일어나자, 영국, 프랑스 그리고 독일의 노동자들은 모두 자기 나라를 위해 참전했고, 사회주의 정당들은 다수의 참전파와 소수의 반전파로 분열되었다.) 그리고 민족사회주의에서 민족은 가치들이 귀속되는 구체적 존재이지만, 사회주의는 그 가치를 이루기 위한 수단에 지나지 않는다. 진정한 민족사회주의의 선구자로 꼽히는 '프랑스 행동'(L'Action Francaise)의 지도자 샤를 모라(Charles Maurras)가 민족이 다른 어떤 보편적 가치보다 앞선다고 선언했다는 사실은 음미할 만하다.

더 강력한 이념인 민족주의와 결합하는 과정에서 사회주의가 민족주의의 목적에 맞게 변형된 것은 그래서 이상하지 않다. 그렇게 변형된 부분들 가운데 가장 중요한 것은 마르크스주의의 핵심인 계급이다. 마르크스의 이론을 따르는 정통적 사회주의에선 계급들 사이의 갈등과 투쟁이 역사를 움직이는 동력이고 그래서 마르크스주의자들은 모두 계급투쟁을 수행할 의무를 진다. 그러나 민족사회주의에선 민족 사이의 갈등과 투쟁이 역사를 움직이는 동력이다. 자연히, 계급이나 계급투쟁은 민족사회주의의 세계에선 설 곳이 거의 없다.

이런 변화는 당연히 민족사회주의가 근본적 수준에서 정통적 사회주의와는 다른 태도를 지니게 만들었다. 가장 두드러진 차이는 국제질서에 대한 태도에서 나온다. 정통적 사회주의는 계급이 보편적 구조라고 여기고 그래서 적어도 이론적으로는 국제주의적이다. "세계의 노동자들이여, 단결하라"고 외친 '공산당 선언'은 그런 세계관을 유창하게 표현했다. 그러나 민족사회주의는 민족을 본질적 단위로 여기고 민족국가의 국경에 결정적 중요성을 부여한다. 자연히, 민족사회주의자들은 자기 민족과 민족국가를 다른 민족들이나 민족국가들보다 우대할 뿐 아니라 국제질서와 교역에 대해서도 적대적이다. 그들은 자기 민족과 민족국가가 자족한 세계이기를 열망한다. 그것이 민족사회주의 국가들이 늘 자급자족 경제(autarky)를 지향하는 까닭이다.

여기서 참고할 것은 실은 모든 집단주의 이념들이, 정통적 사회주의까지도, 이론적으로는 국제주의적이지만 현실에서 시행되면 격렬하게 민족주의적으로 된다는 하이에크의 지적이다. 집단주의 이념에 본질적 모순이 내재한다는 얘기다.

> "집단주의 철학의 내재적 모순들 가운데 하나는, 자신을 개인주의가 발전시킨 인본주의적 도덕에 바탕을 두면서도, 그것은 비교적 작

은 집단 안에서만 실제적이라는 점이다. 사회주의가 이론으로 남아 있는 한 국제주의적이지만, 러시아에서든 독일에서든, 시행되자마자 격렬하게 민족주의적이 되는 것은 서방 사람들의 대부분이 상상하는 바의 '자유사회주의'가 순전히 이론적이고 사회주의의 시행은 어느 곳에서나 전체주의적인 까닭들 가운데 하나다. 집단주의는 자유주의의 너른 인도주의를 받아들일 여유가 없고 전체주의자들의 좁은 특수주의를 위한 여유밖에 없다."

(One of the inherent contradictions of the collectivist philosophy is that, while basing itself on the humanistic morals which individualism has developed, it is practicable only within a relatively small group. That socialism, so long as it remains theoretical, is internationalist, while as soon as it is put into practice, whether in Russia or in Germany, it becomes violently nationalist, is one of the reasons why 'liberal socialism' as most people in the Western world imagine it is purely theoretical, while the practice of socialism is everywhere totalitarian. Collectivism has no room for the wide humanitarianism of liberalism but only for the narrow particularism of the totalitarian.)

[같은 책]

2) 민족사회주의와 공산주의

민족사회주의는 흔히 인식되는 것보다 훨씬 널리 퍼진 이념이다. 극성기인 양차 대전 사이엔 세계의 거의 모든 나라들에 크든 작든 민족사회주의 세력이 있었다. 물론 가장 두드러진 예들은 이탈리아의 파시즘과 독일의 나치즘이었다. 따라서 민족사회주의의 성격을 밝히는 데는 그 두 경우들을 살피는 것이 좋은 방안일 것이다.

먼저 지적되어야 할 것은 파시즘과 나치즘이 '우파' 이념이라는 속설이 그르다는 사실이다. 이런 오해는 파시즘과 나치즘이 처음부터 자신들이 공산주의에 효과적으로 대응할 수 있는 이념이라고 주장한 데서 비롯했다. 파시즘이 공식적으로 출범한 1919년 3월 23일 밀라노에서 무솔리니는 '사회주의에 대한 전쟁을 선포'했다. 공산주의의 출현에 위기를 느낀 전통적 지배계층은 무솔리니의 그런 선언을 환영했다. 뒤에 나치 독일과 파시스트 이탈리아가 공산주의 소련과 전쟁을 하게 되자, 파시즘과 나치즘이 '우파' 이념이라는 생각이 널리 퍼졌다.

그러나 파시즘과 나치즘이 사회주의의 변종임은 이론의 여지가 없을 만큼 분명하다. 오래 전에 하이에크가 지적한 대로, 민족사회주의의 뿌리는 사회주의며, 그들은 함께 집단주의(collectivism)에 속한다. 하이에크는 히틀러가 1941년 2월의 공개 연설에서 "민족사회주의와 마르크스주의는 근본적으로 같다"고 선언했음을 지적했다. 히틀러가 그런 발언을 한 까닭이 무엇이든, 그가 전쟁이 이미 치열해진 1941년에 와서도 마르크스주의에 대해 그런 견해를 지녔다는 사실은 음미할 만하다.

파시스트 운동이 출범한 지 두 달만에 나온 파시스트 프로그램은 '산업의 기술적 관리'에서의 노동자 참여, 자본에 대한 무겁고 누진적인 과세를 통한 '모든 종류의 부의 부분적 강제수용'(expropriation), 특정 교회 재산들의 몰수, 그리고 전시 특별 이윤의 85%의 몰수와 같은 정책들을 내세웠다. 이처럼 이념적으로 사유재산제에 적대적이고 정책적으로 재산권에 대한 폭력적 침해를 추구한 파시즘이 어떻게 '우파' 이념일 수 있겠는가?

나치즘의 반유대주의와 반자본주의가 같은 뿌리에서 나왔다는 하이에크의 진단은 그래서 우리가 깊이 새겨야 할 통찰이다.

"독일에서 적이 된 것이 '금권주의'가 대신할 때까지 유대인들이었다는 사실은 러시아에서 부농(富農)들을 [적으로] 고른 것과 마찬가지로 [나치즘] 운동 전체가 바탕을 둔 반자본주의적 원한의 결과였다. 독일과 오스트리아에서 주민들의 다수 계급들의 상업적 직업들에 대한 전통적 혐오가 더 높이 평가된 직업들에서 실질적으로 배제된 집단이 그것들에 접근하기 훨씬 쉽도록 했기 때문에 유대인들은 자본주의의 대표로 여겨지게 되었다. 그것은 이민족이 덜 존중되는 직업들만을 갖도록 허용되고 그 다음엔 그것들에 종사함으로써 더욱 미움을 받는다는 오래된 이야기다. 독일의 반유대주의와 반자본주의가 같은 뿌리에서 나온다는 사실은 거기서 일어난 일들을 이해하는 데 큰 중요성을 지니지만, 외국의 관찰자들이 이 점을 파악하는 경우는 드물다."

(That in Germany it was the Jew who became the enemy till his place was taken by the 'plutocracies' was no less a result of the anti-capitalist resentment on which the whole movement was based than the selection of the Kulak in Russia. In Germany and Austria the Jew had come to be regarded as the representative of capitalism because a traditional dislike of large classes of the population for commercial pursuits had left these more readily accessible to a group that was practically excluded from the more highly esteemed occupations. It is the old story of the alien race being admitted only to the less respected trades and then being hated still more for practising them. The fact that German anti-Semitism and anti-capitalism spring from the same root is of great importance for the understanding of what has happened there, but this is rarely grasped by foreign observers.)

[같은 책]

파시즘의 프로그램은 차츰 다듬어져서 단체주의로 체계화되었다.

단체주의는 사회 전체를 산업 및 직업 단체들로 조직해서 그 단체들이 산하 시민들을 정치적으로 대표하고 그들의 행동을 상당히 엄격히 통제하는 체제나 원칙을 가리킨다.

민족사회주의의 뿌리를 살필 때, 우리는 무솔리니와 히틀러를 비롯한 주요 민족사회주의자들이 원래 사회주의자들이었다는 사실에 주목해야 한다.

"결코 덜 중요하지 않은 것은 나치즘과 파시즘의 많은 지도자들의 지적 내력이다. 이탈리아와 독일에서 이들 운동들이 자라나는 것을 관찰한 사람들은 모두 무솔리니 이래 (그리고 [프랑스의] 라발과 [노르웨이의] 크비슬링을 배제하지 않고) 사회주의자들로 시작해서 파시스트들이나 나치들로 끝난 지도자들의 수에 놀랐다. 그리고 지도자들에 관해서 맞는 것은 운동의 일반 구성원들에 대해선 더욱 맞는다. 젊은 공산주의자가 나치로 전향하거나 반대로 젊은 나치가 공산주의자로 전향하는 일이 비교적 쉬웠다는 사실은 독일에선 널리 알려졌고, 특히 두 정당들의 선전가들에게 그랬다. 1930년대 이 나라의 많은 대학교수들은 영국과 미국의 학생들이 그들이 공산주의자들인가 나치들인가 확신하지 못하고, 오직 그들이 서방의 사유주의 문명을 증오한다는 것만 확신한 채 유럽 대륙에서 돌아오는 것을 보았다.

(No less significant is the intellectual history of many of the Nazi and Fascist leaders. Everybody who has watched the growth of these movements in Italy or Germany has been struck by the number of leading men, from Mussolini downwards (and not excluding Laval and Quisling), who began as socialists and ended as Fascists or Nazis. And what is true of the leaders is even more true of the rank and file of the movement. The relative ease with which a young communist could be converted into a

Nazi or vice versa was generally known in Germany, best of all to the propagandists of the two parties. Many a University teacher in this country during the 1930s has seen English and American students return from the Continent, uncertain whether they were communists or Nazis and certain only that they hated Western liberal civilization.)

[같은 책]

당연히, 민족사회주의 체제에서 개인적 영역은 극도로 위축되고 사회적 영역이 한껏 확장된다. 나치의 관리였던 로베르트 레이(Robert Ley)는 나치 국가에서 사적 개인은 잠든 사람뿐이라고 말했다. 그래서 사회적 영역이 개인적 영역을 빼앗는 것이 민족사회주의의 본질적 특질이고, 바로 이 점에서 민족사회주의는 권위주의적 보수주의와 근본적으로 다르다.

그러나 대공황으로 자본주의에 대한 반감과 회의가 커졌을 때, 자본주의가 파시즘을 낳았다는 생각이 갑자기 널리 퍼졌다. 하이에크는 당시 영국에선 사람들이 "민족사회주의는 사회주의에 대한 자본주의적 반응"(National Socialism was a capitalistic reaction against socialism)이라고 진지하게 믿었으며 사회주의 지식인들은 "민족사회주의는 사회주의가 아니라 그저 경멸을 받아야 할 무엇"(National Socialism was not socialism, just something contemptible)이라 생각했다고 술회했다.

그런 오해는 소련에 의해서 정책적으로 확산되었다. 미국 역사학자 리처드 파이프스(Richard Pipes)는 이 점을 간명하게 설명했다.

"'파시즘'이란 용어는 1920년대 이후 소련 공산주의자들에 의해 극심한 언어적 조작의 대상이 되어 이제는 모든 뜻을 잃을 지경이 되었다. 이탈리아의 파시즘은, 그 말의 원래의 그리고 정확한 뜻에서의 '파시즘'은 1914년 이전에 베니토 무솔리니가 이끌었던 극단적으로 과격한 사회주의 운동에서 뻗어 나온 것이다. 제1차 세계대전이 일어나자, 유럽을 사로잡은 애국적 광란과 민족적 충성심이 계급적 충성심을 쉽게 압도한 일에 인상을 받고서, 무솔리니는, 현대 세계에서 계급투쟁은 사회주의자들이 가르친 것처럼 한 나라의 시민들을 서로 부딪치게 하는 것이 아니라 몇몇은 부유하고 착취적이며 나머지는 가난하고 착취받는 나라들과 민족들을 서로 부딪치게 한다고 선언하고서, 민족주의를 사회주의에 접합했다. 차츰 무솔리니는 반대당들을 없앴고, 전반적 검열을 도입했고, 국가의 감독을 강요했다. 이것은 소련에서 일어난 일들의 온건한 버전이었다."

(The term 'fascism' has been subjected to such verbal manipulation by the Soviet communists since the 1920s as to have lost all meaning. Italian Fascism 'fascism' in the original and precise meaning of the word was the outgrowth of an extreme radical socialist movement, headed before 1914 by Benito Mussolini. With the outbreak of World War I, Mussolini, impressed by the patriotic frenzy that had seized Europe and the ease with which national loyalties overwhelmed class loyalties, grafted nationalism onto socialism, proclaiming that the class struggle in the modern world pitted not the citizens of one and the same country against each other, as taught by the socialists, but countries and nations, some of which were rich and exploitative while others were poor and exploited. Gradually, Mussolini abolished rival parties, introduced comprehensive censorship, and forced state supervision. This was a mild version of what had taken place in the Soviet Union.)

[『나는 살았다』(*Vixi*)]

3) 민족사회주의의 특질

파시즘과 나치즘의 역사를 살피면, 그 자체로 흥미로울 뿐 아니라 우리 사회의 사조와 연관시켜 성찰할 만한 사실들이 여럿 눈에 띈다. 그리고 우리는 깨닫게 된다. 어느 사이엔가 민족사회주의가 우리 사회의 중심적 사조가 되었음을. 위에서 언급한 민족사회주의의 주요 특질들은, 즉 (1) 공격적 민족주의의 신봉, (2) 사유재산제와 재산권에 대한 침해, (3) 단체주의의 추구는, 이미 우리 사회에서도 두드러진 사조가 되었다.

다른 특질들도 우리 사회에서 이내 찾을 수 있다.

(4) 폭력의 일상적 사용

민족사회주의자들은 폭력을 공공연하게 사용한다. 그들은 늘 '더 큰 민족적 이익'이라는 명분을 내세우면서 폭력을 휘두른다. 파시즘과 나치즘이 권력을 쥐는 과정에서 드러내놓고 폭력으로 반대파를 제압한 일은 잘 알려졌다. 특히 자신에게 비우호적인 언론에 대한 폭력이 두드러졌다. 파시스트 운동이 창립된 지 한 달이 채 안 지난 시기에 무솔리니의 추종자들은 한때 무솔리니가 편집인이었던 사회주의 일간신문 『아반티』(*Avanti*)의 밀라노 지국을 습격해서 장비들을 부쉈다. 이 사건에서 4명이 죽고 39명이 부상했다.

(5) 법의 지배의 부정

민족사회주의자들이 공공연하게 폭력을 사용하는 것은 본질적으로 그들이 법의 지배를 부정하기 때문이다. 나치즘의 이론가였던 알프레드 로젠베르크(Alfred Rosenberg)는 모든 사람들에게 공평하게 적용되는 법은 나치즘의 법이 아니라고 선언했다. 악마화된 내부의 적들에 대한 폭력의 합법화는 민족사회주의의 핵심적 특질이다. 그래서 민족사회주의 사회에선 개인의 자유와 재산을 보호할 장치가 없다. 나치 독일에서 법원이 석방한 용의자는 법원 문 밖에서 정부 기관원에 의해 체포되어 강제수용소로 보내지곤 했다.

(6) 공존의 거부

민족사회주의는 다른 이념이나 세력과 공존하는 것을 거부한다. 애초에 파시즘이 전체주의(totalitarianism)라 불리게 된 것도 바로 모든 권력을 장악하려는 그런 특질 때문이었다. 전체주의라는 말은 무솔리니에 저항했던 이탈리아 의회 지도자들 가운데 한 사람인 지오반니 아멘돌라(Giovanni Amendola)가 처음 썼다. 그는 1923년 5월에 발표한 글에서 자기 세력으로 공직들을 모조리 채우려는 무솔리니의 인사정책을 형용사형인 'totalitaria'라고 표현했다. 다른 무솔리니 비판자들이 그 말을 확장해서 사회 전체를 통제하려는 파시즘의 의도를 가리키는 용어로 만들었는데, 무솔리니는 그 말을 오히려 자랑스럽게 여겨서 자신의 이념과 체제를 그 말로 표현했다. 민족사회주의는 사회에서 다른 세력과 공존을 거부하고 사회의 완전한 통제를 추구하고 밖으로는 확장주의적 정책을 추구한다.

(7) 기성 사회(established society)에 대한 반감과 경멸

민족사회주의는 기성 사회에 대한 반감과 경멸을 공공연히 드러낸다. 그런 태도는 민족사회주의 지도자들이 대부분 평범한 처지에서 갑자기 신분적 상승을 해서 막강한 권력을 쥐게 되었다는 사정과 상당한 관련이 있을 것이다. 히틀러는 실패한 화가였고, 무솔리

니는 교사였고, 괴벨스(Joseph Goebbels)는 직장을 얻지 못한 문학 청년이었고, 괴링(Hermann Goering)은 유랑하는 퇴역 군인이었고, 히믈러(Heinrich Himmler)는 실패한 농장 주인이었다. 그들은 군중을 선동하고 증오를 북돋우는 기술 말고는 따로 지닌 지식이나 기술이 없었다. 그들이 기성 사회에 대해서 반감과 경멸을 드러낸 것은 그래서 이상하지 않다. 이런 태도는 그들이 경멸하는 기성 사회를 더욱 잘 통합되게 하고 활력이 있고 순수하게 만들려는 충동을 낳는다. 자연히, 민족사회주의는 사회에서 바람직하지 못하다고 여겨진 특질들을 씻어내고 '오염된' 집단들을 제거해서 사회를 더 깨끗이 만들려는 충동을 지녔다.

(8) 교리(dogma)의 변질

종전의 이념들은 모두 교리의 진실성을 중시했다. 그래서 그것들은 자신들의 교리는 진리라고 주장했고, 교리를 일관적 체계로 만들려 애썼고, 한 번 확립된 교리는 영속성을 지닌다고 가르쳤다. 그러나 민족사회주의는 교리를 목적을 이루기 위한 도구로 여긴다. 그래서 진리는 민족사회주의자들이 다른 사람들을 지배하고, 선택된 민족들이 자기 실현을 하는 데 도움이 되는 것을 가리킨다. 이 점에서 민족사회주의는 정통적 사회주의와 변별된다. 스탈린은 그의 정책들이 마르크스와 레닌의 원리들에 부합된다는 점을 밝히는 데 늘 힘을 쏟았다. 그러나 무솔리니와 히틀러는 그런 이론적 정당화에는 전혀 관심을 보이지 않았다. 무솔리니와 히틀러가 집권하기 위해 기회주의적 행태를 보이면서 보수적 계층과 손을 잡을 때 자신들의 주장들을 가볍게 바꾼 것은 정통적 사회주의자들이 이념적 순수성을 지키면서 혁명을 추구한 것과 대조된다.

(9) 정책의 경시

교리를 도구로 삼고 교리의 진실성을 가변적이라 여기니, 민족사회주의자들이 구체적 정책들에 마음을 쏟을 리 없고 일관된 정책들을 마련할 수도 없다. 그래서 민족사회주의는 어느 사회에서나 일관되고 구체적인 프로그램을 제시하지 못한다. 실제로 무솔리니는 자신이 프로그램을 갖지 못했음을 공개적으로 밝혔고 그 사실을 자랑스럽게 여겼다. 그는 "파시스트 운동은 어떤 특정한 교리적 형태에 매였다고 느끼지 않는다"고 선언했고, 권력을 장악하고 10년이 지난 뒤에야 비로소 파시즘의 교리를 다듬어냈다. 나치 독일은 주요 정책들에서도 통합된 프로그램들을 제대로 만들어내지 못했으니, 가장 중요한 정책이었던 반유대주의에서도 유기적으로 통합된 프로그램이 없었다.

(10) 지도자의 중심적 역할

민족사회주의에서 교리의 변질과 정책의 빈곤이 남긴 자리는 지도자의 중심적 역할로 채워진다. 교리의 진실성 위에 세워지는 다른 이념들과는 달리, 민족사회주의는 지도자가 민족의 역사적 운명과 이룬 신비적 결합 위에 세워진다. 실제로 무솔리니는 파시즘의 정의(definition)는 바로 자신이라고 선언했다. 인민들이 필요로 하는 것은 교리가 아니라 지도자의 의지와 지도력이라는 얘기다. 자연히, 지도자의 카리스마는 민족사회주의의 결정적 요소다. 무솔리니와 히틀러의 궁극적인 정치적 기반은 그들이 대중에 대해서 지녔던 카리스마였다. 아렌트(Hannah Arendt)가 지적한 대로, 무솔리니는 "의식적으로 공식적 프로그램을 거부하고 고양된 지도력과 행동만으로 그것을 대치한 아마도 첫 정당 지도자"(probably the first party leader who consciously rejected a formal program and replaced it with inspired leadership and action alone)였다. 히틀러도 비슷한 태도를 보였다. 수상으로서의 첫 연설에서, 그는 그에게 그의 프로그램의 세부 사항들을 밝히라고 요구하는 사람들을 비웃으면서 "나는 이런 사람들 앞에 나서서 값싼 약속들을 하는 것을 늘 거부해 왔다"고 말했다.

지도자는 물론 추종자들을 전제로 한다. 민족사회주의는 늘 지지자들에게 합리적 사고와 독립적 판단 대신 지도자에 대한 맹목적 추종을 요구하고, 그렇게 지도자를 맹목적으로 따르는 충실하고 열정적인 지지자들을 가장 중요한 정치적 기반으로 삼는다.

(11) 반지성주의와 정치의 감각화

민족사회주의는 반지성주의의 토양에서 자라난다. 그래서 정치적 과정을 합리적 토론에서 감각적 경험으로 바꾼다. 벤야민(Walter Benjamin)이 지적한 것처럼, 파시즘과 나치즘이 이룬 이런 변환은 정치를 미학(aesthetics)으로 바꾸었고, 그들의 궁극적인 감각적 경험은 전쟁이었다.

(12) 대중집회의 중심적 역할

원래 민족사회주의는 대중이 정치에 참여함으로써 생긴 '정치적 공간' 덕분에 나오고 자라날 수 있었다. 정치적 과정에 대중이 참여하면서 일어난 정치적 환경에서의 변화에 전통적 지배계층은 제대로 적응하지 못했고, 대중을 정치적 과정에서 되도록 배제하려 애썼다. 그러나 민족사회주의자들은 대중을 정치 무대에 불러들여 훈련시켜서 전투적 조직으로 만들어 권력의 장악에 이용하는 기술을 터득했고 대중집회를 정치의 중심으로 만든다. 이런 사정과 관련하여 흥미로운 것은 나치가 집권하는 과정에서 필요한 자금의 상당 부분을 대중집회의 입장료, 팜플렛과 기념품 그리고 소액 성금들로 마련했다는 사실이다. 궁극적으로, 그들이 득세한 사회들에선 시민들의 정치적 참여는 헌법적 권리들의 향유에서 민족사회주의 지도자에 대한 지지와 순종을 확인하는 대중집회에 참가할 의무의 이행으로 바뀌었다.

(13) 선전과 무대연출(stagecraft)의 효과적 이용

민족사회주의 세력은 늘 최신 선전 수단들을 잘 이용해서 자신들의 생각을 전파한다. 그리고 대중집회를 통한 무대연출로 대중을 장악한다. 대중의 흥미를 일으킬 만한 정치적 '스펙터클'과 잘 계산된 선전 활동은 거대한 군중들을 거리로 끌어낸다. 고전적 민족사회주의의 경우, 이런 선전과 무대연출에 매혹된 것은 대중만이 아니었다. 많은 '현대파'(modernist) 지식인들이 무대연출에 현혹되어, 특히 중산층의 취향에 대한 공격과 '첨단기술 외양'(high-tech look)을 결합한 민족사회주의에서 미적, 심리적 즐거움을 느껴서, 민족사회주의의 열렬한 지지자들이 되었다.

(14) 청년층에 대한 독점적 영향력

민족사회주의는 늘 젊은이들을 핵심적 지지 기반으로 삼는다. 기성 사회에 대한 반감과 경멸, 권위를 장악한 지도자와 열광적 추종자들, 정치의 감각화, 대중집회의 중심적 역할, 그리고 선전과 무대연출의 효과적 이용과 같은 특질들은 젊은이들에게 큰 호소력을 지닌다. 당연히 민족사회주의 정권은 젊은이들에 대한 영향력을 독점

하려 한다. 독일의 경우, 학생들에게 나치즘이 워낙 인기가 높았으므로, 나치가 집권하기 전에 이미 대학생 조직은 나치 활동가들이 장악했고 여러 청소년 단체들은 나치의 중요한 사회적 통제 수단이었다. 그래서 민족사회주의는 나이 든 세대들에 대한 젊은 세대들의 반란의 성격을 짙게 띤다.

(15) '악마화된 적'들의 이용

대중의 민족주의적 성향을 활성화하고 대중을 정치집회에 동원하는 데 쓰이는 가장 효율적인 수단은 '악마화된 적'들이다. 파시즘의 경우, 내부의 적은 소련의 지시를 받는 사회주의자들과 타락한 지배계층이었고 외부의 적은 공산주의 세력과 승전한 연합국 세력이었다. 나치즘의 경우, 내부의 적은 유대인들이었고 외부의 적은 공산주의 세력과 승전한 연합국 세력이었다.

(16) 평행 조직들(parallel organizations)의 이용

민족사회주의는 국가의 공식 정부 조직과 성격과 영역에서 상당히 겹치는 평행적 조직을 집권 뒤에도 그대로 유지하고 흔히 강화한다. 이탈리아의 경우, 파시즘의 평행 조직들은 정부 조직에 직접적으로 도전하지 않았고 주로 여가 이용 분야에 진출했다. 그러나 독일의 경우엔 많은 분야들에서 나치의 평행 조직들이 국가 기관들과 경쟁했다. 나치 당은 자신의 준군사조직(SA), 당 재판소, 당 경찰, 당 외교 조직, 그리고 청년 운동 조직을 갖추었다. 이런 정책은 국가의 공식 정부 조직을 약화시켜 극심한 혼란과 비효율을 낳았을 뿐 아니라 정치 지도자의 절대적 권력을 한껏 늘렸다.

4) 제2차 세계대전 이후의 민족사회주의

민족사회주의는 어느 사회에서나 나올 수 있다. 자유민주주의와 자본주의가 뿌리를 내린 곳에서도 나올 수 있다. 그리고 환경이 자신에게 맞으면, 이내 득세할 수 있다.

로버트 팩스턴(Robert O. Paxton)은 『파시즘의 해부학』(*The Anatomy of Fascism*)에서 그 점을 거듭 강조했다.

> "미래의 파시즘은 아직 상상되지 않은 어떤 위기에 대한 응급적 반응은 표면적 징표들과 상징들에서 고전적 파시즘을 완벽하게 닮을 필요가 없다. 위기를 맞은 어떤 집단의 재통일, 순화, 그리고 재생을 위한 대중의 동원에서 같은 기능들을 수행하기 위해서 '자유로운 기구들을 포기'하려는 미래의 어떤 운동은 의심할 여지없이 자신을 다른 무엇으로 부르고 새로운 상징들을 이용할 것이다. 그런 사정은 그것을 조금이라도 덜 위험하게 만들지 않을 것이다."
>
> (A fascism of the future an emergency response to some still unimagined crisis need not resemble classical fascism perfectly in the outward signs and symbols. Some future movement that would 'give up free institutions' in order to perform the same functions of mass mobilization for the reunification, purification, and regeneration of some troubled group, would undoubtedly call itself something else and draw on fresh symbols. That would not make it any less dangerous.)
>
> [『파시즘의 해부학』(*The Anatomy of Fascism*)]

미래의 파시즘이 무솔리니와 히틀러의 집권 과정과 똑같은 시나리오에 따라 나오리라고 믿을 까닭은 없다면서, 그는 공산주의 붕괴 이후의 공산주의 사회가 민족사회주의에 좋은 환경을 제공할 가능성을 지적했다.

"1990년대 발칸 반도에서 파시즘과 아주 많이 비슷한 무엇이 아주 다른 시나리오에 의해, 즉 집권한 지도자들에 의한 항로 변경에 의해 만들어졌다. 공산주의 이후의 독재자들은 신용을 잃은 공산주의의 대체물로 확장주의적 민족주의라는 패를 이용하는 것을 배웠다. 세르비아의 독재자 슬로보단 밀로셰비치가 그의 인민들의 애국심을 춤과 노래와 구호들을 통해서 처음에는 세르비아의 이웃들에 대항해서, 그리고 다음에는 연합국의 공습에 대항해서 동원했을 때, 그는 내부와 외부의 적들에 대항해서 그리고 1945년 이래 유럽에서 나온 적이 없는 무자비한 인종청소 정책을 위해서 인민들을 성공적으로 규합한 것이었다."

(In the Balkans in the 1990s something that looks very much like fascism was produced by a very different scenario, a change of course by leaders in power. Postcommunist dictators learned to play the card of expansionist nationalism as a substitute for discredited communism. When Serbian dictator Slobodan Milosevic mobilized the patriotism of his people first against Serbia's neighbors and next against Allied air attack, with dancing and singing and slogans, he was successfully rallying a population against enemies internal and external and in favor of a policy of ethnic cleansing of a ruthlessness that Europe had not seen since 1945.)

[같은 책]

팩스턴의 가설에 아주 잘 맞는 경우가 동아시아의 공산주의 국가들이다. 중국, 베트남, 그리고 북한은 모두 소련과 동유럽의 공사주의 체제들이 무너진 뒤에 "지도자에 의한 항로 변경"으로 아직 체제를 유지하고 있다. 여기서 주목할 점은 항로를 바꾼 지도자들이 늘 기대는 것은 민족주의라는 사실이다. 중국의 경우에 이 점이 특히 뚜렷이 드러난다. 경제 분야에서 시장경제를 채택한 터라, 중국의 공산당 정권은 권력을 독점할 근거를 잃었다. 실은 자신의 존재 이유마저 잃었다. 그러나 중국 공산당은 여전히 권력을 독점하면서 자신이 잃은 정당성을 민족주의에서 찾으려 한다. 그러한 과정에서 순수한 공산주의가 민족사회주의로 변태했다. 북한의 경우도 마찬가지다.

6. 단체주의

1) 한국에서의 단체주의

민족사회주의가 우리 사회에 확고하게 자리잡았음을 알린 것은 '노사정위원회'가 공식적 사회기구로 설치된 일이었다. '노사정위원회'는 단체주의에 바탕을 둔 기구이고, 단체주의는 파시즘의 경제적 이념이기 때문이다. 이 사건은 민족사회주의의 특질들을 짙게 띤 정책들이 개별적으로 도입되는 것과는 성격이 전혀 다른 일이었으니, 그것은 적어도 경제 분야에선 민족사회주의가 자유주의를 밀어내고 공식 이념으로 자리잡았음을 뜻한다. 따라서 단체주의에 대해 자세히 살피는 일은 긴요하다.

위에서 언급한 것처럼, 단체주의는 사회 전체를 산업 및 직업 단체들로 조직해서 그 단체들이 산하 시민들을 정치적으로 대표하고 그들의 행동을 상당히 엄격하게 통제하는 체제나 원칙을 가리킨다. 따라서 단체주의는 공동체가 개인들을 기본 단위로 삼아 이루어졌다고 보는 것이 아니라 다양한 경제적 또는 기능적 집단들이 사회의 기본 단위라고 여긴다.

이처럼 단체주의는 전체주의적 경제 이념으로 경제적 자유주의를 구성 원리로 삼은 우리 사회에 이질적이다. 그러나 '노사정위원회'는 별다른 논의나 반대도 없이 도입되었다. 실제로, 1998년에 이 기구가 공식적으로 설치되었을 때, 시민들의 대다수는 큰 기대를 나타냈고 야당조차도 그것에 반대하기보다는 불참하는 방식을 골랐다. 이런 비정상적 상황은 단체주의의 위협이 무척 크다는 것을 일깨워준다.

2) 단체주의의 역사

역사적으로, 단체주의는 프랑스 혁명에 대해 비판적 태도를 보였던 기독교 보수주의자들이 처음 표방했다. 그들은 프랑스 혁명과 산업혁명이 지나친 개인주의와 기계적 세계관을 드러냈다고 여기고, 동업조합(guild)들의 연합인 중세 도시의 단체적 성격을 높이 평가했다.

그러나 단체주의가 두드러진 역할을 한 것은 1920년대 이후 이탈리아의 파시즘 체제에서였다. 파시즘은 민족과 민족국가를 삶과 역사의 중심에 놓는 정치적 태도이다. 그것의 정치적 수단은 일당국가를 통한 시민들의 엄격한 통제이다. 원래 기회주의적이어서 내용이 빈약했던 파시즘에 단체주의는 중요한 이념적 바탕을 제공했고 전제적 정부와 집권당에 의한 산업과 노동계의 전반적 통제를 정당화했다. 대략 20개 안팎의 단체들이 지주들, 농민들, 전문 직업인들, 사용자들 그리고 기술자들과 같은 집단들을 대표했고 국가를 대표하는 단체장관의 통제를 받았다. 그러나 이탈리아의 파시스트 정권은 아주 비효율적이어서 목표들을 제대로 이루지 못했고, 단체들 가운데 상당수는 청사진으로만 남았다.

이어 나치 독일이 이탈리아의 모형을 받아들여서 사회 전체를 단체주의에 따라 조직했다. 그래서 정당, 노동조합, 학교, 언론 기관, 극장 그리고 예술 활동과 종교까지, 정부의 통제를 받았다. 독일의 단체주의는 원형인 이탈리아의 그것보다 오히려 더 나아갔으니, 독일은 강제적 노동 배분까지 시행했다.

1930년대 중엽에 독일의 국력과 위신이 부쩍 높아지면서, 파시즘은 위세를 떨쳤고, 오스트리아, 헝가리, 폴란드, 루마니아, 불가리아, 그리스와 같은 나라들에서 득세했고 이어 온 세계에 퍼졌다. 자연히, 단체주의도 널리 받아들여졌다. 전형적인 것은 일본의 경우로, 1940년에 사회 전체를 단체주의에 따라 재조직한 '대정익찬회'(大政翼贊會)가 설치됐다. 정부의 수상은 이 조직의 총재가 되었고 부현(府縣)의 지사(知事)들은 지방의 지부장들이 됐다. 정당들은 모두 해산됐고 노동조합들은 '대일본산업보국회'로 개편됐다

제2차 세계대전에서 파시스트 국가들이 패배하면서, 고전적 민족사회주의는 그 터전을 대부분 잃었다. 그러나 민족사회주의가 사라진 것은 아니었다. 스페인과 포르투갈에선 파시즘이 온존했고, 이탈리아에선 파시즘을 재건하려는 시도들이 계속 나왔다. 1950년대엔 알제리 전쟁의 영향으로 프랑스에서 파시즘이 큰 영향력을 발휘했다. 인종차별 정책을 편 남아프리카공화국과 후안 페론이 다스린 아르헨티나에서도 파시즘은 번창했다. 그리고 공산주의 체제가 몰락한 뒤엔, 공산주의가 민족주의적 열정을 자양으로 삼은 새로운 형태의 민족사회주의로 변태했다.

놀랍지 않게도, 단체주의는 파시즘보다 덜 타격을 받았다. 그래서 자유민주주의를 구성 원리로 삼은 나라들에서도 그것은 꾸준히 큰 영향력을 지녀왔다. 이탈리아에선 단체주의의 이념과 기구들이 상당히 남아 있어서, 단체협약과 같은 분야들에서 획일성이 강요됐다. 독일과 프랑스에서도 그런 관행은 그대로 받아들여졌다.

3) '노사정위원회'의 부당성

우리 사회의 구성 원리에 어긋나는 '노사정위원회'가 별 다른 저항을 받지 않고 그리도 쉽게 도입되었다는 사실은 물론 이상한 일이다. 우리 사회의 건강에 문제가 있음을 알리는 경보들 가운데 그것보다 더 심중한 것도 드물 것이다.

먼저, 이미 위에서 살핀 것처럼, '노사정위원회'는 우리 사회의 구성 원리인 자유주의에 어긋나는 단체주의에 바탕을 두었다. 그래서 그것은 경제적 자유주의 이념과 시장경제체제를 직접적으로 허문다.

다음으로, '노사정위원회'는 우리 헌법에 어긋난다. 그것은 경제문제들에 관한 '국민적 합의'를 목표로 삼았다. 그러나 우리 사회에서 '국민적 합의'를 이루는 기관은 국회이고 '노사정위원회'는 삼권분립의 원칙과 입법부의 권한에 대한 근본적 도전이다.

셋째, '노사정위원회'는 '국민적 합의'를 이룰 만한 대표성이 없다. 그것은 노동자들, 사용자들 그리고 정부와 정치계를 대표한 단체들로 이루어졌다. 1998년 그것이 출범했을 때, 노동자들은 '한국노총'과 '민주노총'이 대표하고, 사용자들은 '전경련'과 '경총'이 대표하고, 정부와 정치권에선 대표를 파견하고 위원장은 여당의 중진

인사가 맡았다. 이런 구성은 대표성에서 근거가 너무 약하다. 두 노동조합 단체들이 노동자들을 대표한다면, 노동조합에 든 노동자들이 10% 가량 되는 현실에서, 노동조합에 들지 않은 다수 노동자들은 누가 대표하는가? 규모가 비교적 큰 회사 기업들을 대표하는 '전경련'이나 '경총'과 같은 단체들이 사용자들을 대표한다면, 다수의 자영업자들은 누가 대표하는가? 그리고 소비자들은? 경제활동의 궁극적 목적이 소비인데, 소비자들의 이익을 대표하는 단체가 없는 기구가 과연 얼마나 큰 정당성을 지닐 수 있겠는가?

넷째, '노사정위원회'의 대표성의 범위가 너무 모호하다. 선거를 통해서 대표성을 얻은 국회의원들로 이루어진 국회와는 달리, '노사정위원회'는 선거를 통해서 대표성을 얻지 않았으므로, '노사정위원회'를 구성하는 단체들은 그들이 대표한다고 여겨지는 경제 주체들을 어떤 문제들에 관해서 얼마만큼 대표하는지 명확치 않다. 필연적으로, 대표성과 관련하여 많은 실질적 문제들이 나올 수밖에 없다. 그 단체들은 그들이 대표하는 경제 주체들에 대해 무슨 권한을 지니는가? 만일 경제 주체들이 그들의 지시에 따르지 않는다면, 어떻게 해야 하는가?

4) '노사정위원회'의 부작용들

단체주의가 경제적 자유주의와 시장경제에 이질적인 이념이므로, 그것의 도입은, 비록 부분적일지라도, 갖가지 부작용들을 불러온다. '노사정위원회'가 설치되자, 실제로 이내 그런 부작용들이 나타났다. 그런 부작용들 가운데 두드러진 것들은 아래와 같다.

먼저, 정부가 지향하는 경제 모형이 혼란스러워졌다. 시장경제의 모형들 가운데 성공적인 것들은 북미와 서구의 '서방 모형'과 동아시아의 '동방 모형'이었다. 근년에 동방 모형은 시장에 대한 정부의 지나친 간섭으로 여러 문제들을 드러냈다. 그래서 지금 우리나라를 포함한 동아시아의 여러 나라들에선 경제를 서방 모형으로 바꾸고 있다. 서방 모형은 다시 북미와 영국에서 나온 '미국 모형'과 유럽 대륙의 '독일 모형'으로 크게 나뉜다. 미국 모형은 시장에 대한 정부의 간섭이 적어서 시장경제의 이상에 비교적 가깝고, 독일 모형은 단체주의의 특질을 짙게 띠는데, 시장에 더 큰 몫을 맡긴 미국 모형이 독일 모형보다 낫다는 것이 정설이 되었다. 우리 경제는 원래 미국 모형을 지향했는데, '노사정위원회'의 설치 이후 점점 독일 모형을 닮아가고 있다. 이것은 시장경제의 활력을 앗아가는 어리석은 일이다.

다음으로, '노사정위원회'는 제대로 움직이는 경우가 드물어서 경제의 효율을 크게 낮추었다. 그 기구에선 모든 사항들이 늘 정치적 협상에 지배되므로 합의가 어렵고, 합의된 사항들도 그것을 강제할 권력이 있거나 모든 당사자들의 요구를 충족시킬 만큼 경기가 좋은 경우에만 지켜진다. 권력의 균형이 깨지거나 경기가 나빠지면, 공식적 합의는 이내 폐기된다. 자연히, 장기적 프로그램을 수행할 수 없다. '노사정위원회'가 늘 노동조합 단체들의 불참으로 마비되었다는 사실에서 이 점이 다시 증명되었다.

셋째, 어느 사이엔가 '노사정위원회'는 정부가 시장에 지속적으로 간섭하는 통로가 되었다. 이것은 단체주의의 특질에서 필연적으로 나오는 현상이다.

7. 과격화

그러면 민족사회주의는 앞으로 어떤 모습을 하고 어떤 방향으로 움직일까? 이 물음에 대해 뜻 있는 답을 내놓는 일은 물론 아주 어렵다. 국내의 정치적 판도의 가변성, 우리 사회의 민족주의에 큰 자력을 지닌 북한의 존재, 그리고 민족사회주의가 대중의 동원에 이용하는 외부의 '악마화된 적'인 미국 및 일본과의 복잡한 관계는 구체적 예측을 실질적으로 불가능하게 한다.

그러나 한 가지 사실은 분명하다. 우리 사회의 민족사회주의는 예측 가능한 미래까지는 점점 과격해질 것이다. 파시즘과 나치즘의 전개 과정은 과격화(radicalization)가 민족사회주의의 속성임을 또렷이 보여주었다. 그리고 이미 우리 사회의 민족사회주의에서도 과격화 현상이 점점 두드러지고 있다. 자유주의 이념, 자본주의 체제, 법의 지배와 같은 우리 사회의 근본적 원리와 질서에 대한 공격이 점점 심해지고 있다.

팩스턴은 파시즘의 생명 주기를 다섯 단계로 나누었다: ① 운동의 생성, ② 정치체제에서의 뿌리 내림, ③ 권력의 장악, ④ 권력의 사용, ⑤ 장기 집권을 통한 과격화 또는 엔트로피. 팩스턴의 주장을 따르면, 권력을 장악하기까지는 파시즘은 기회주의적 행태를 보인다. 그래서 우파와 손을 잡아 집권한다. 그러나 일단 권력을 장악하고 사용하기 시작하면, 파시즘은 과격화와 무기력화 사이에서 선택해야 한다. 파시즘의 지도자는 그의 인민들에게 '역사와의 특별한 관계'(privileged relation with history)를 약속했으므로, 그는 적어도 파시즘이 계속 목표를 향해서 운동량을 갖고 움직인다는 인상을 인민들에게 주어야 한다. 그래서 '영구적 혁명'(permanent revolution)을 추구하게 된다. 사정이 그러하므로, 파시즘은 필연적으로 과격화를 부른다. 만일 과격화가 멈추면, 파시즘은 운동량을 잃고 무너지게 된다.

그러나 혁명은 대상이 있어야 하고 그런 대상은 한정되어 있다. 따라서 영구적 혁명은 필연적으로 전쟁을 부른다. 실제로 히틀러와 무솔리니는 의도적으로 전쟁의 길을 골랐다. 히틀러는 괴벨스에게 "전쟁은 우리가 평시엔 해결할 수 없었을 일련의 문제들을 모두 해결할 수 있도록 했다"고 말했다. 영구적 혁명을 추구하면서 사회의 모든 자원들과 기구들을 전쟁에 이바지하도록 만들었으므로, 전쟁을 실제로 일으키지 않을 수 없었던 것이다. 무솔리니도 히틀러만큼 전쟁에 끌렸다. "모성이 여자들에게 뜻하는 것을 전쟁은 남자들에게 뜻한다"는 무솔리니의 말은 전쟁에 대한 그의 태도를 잘 보여준다.

과격화는 궁극적으로 파멸로 이끈다. 과격화가 진행되면, 합리적 판단이 설 자리는 빠르게 줄어든다. 그래서 원래의 목적까지 시야에서 사라지고 오직 과격화 자체의 운동량만이 남는다.

> "마지막엔, 과격화된 나치즘은 그것의 민족주의적 계류까지도 잃었다. 1945년 4월에 베를린의 벙커에서 자살을 준비하면서, 히틀러는 마지막 광란 속에 독일 민족을 그와 함께 허물고자 했다. 이것은 부분적으로는 그의 성격의 징표였으니, 타협적 평화는 연합국에게 그러했던 만큼 히틀러에게도 생각할 수 없는 것이었다. 그러나 그것은 또한 정권의 성격 안에 바탕을 지녔으니, 앞으로 나아가지 않는 것은 멸망하는 것이었다. 어떤 것도 무른 것보다 나았다."
>
> (In the end, radicalized Nazism lost even its nationalist moorings. As he prepared to commit suicide in his Berlin bunker

in April 1945, Hitler wanted to pull the German nation down with him in a final frenzy. This was partly a sign of his character a compromise peace was as unthinkable for Hitler as it was for the Allies. But it also had a basis within the nature of the regime: not to push forward was to perish. Anything was better than softness.)

[로버트 팩스턴, 『파시즘의 해부학』]

지금 우리 사회의 민족사회주의는 두 차례 집권했으므로 팩스턴의 마지막 단계에 들어섰다고 할 수 있다. 자연히, 과격화의 위험을 안고 있고 실제로 과격화로 치닫고 있다. 위에서 살핀 것처럼, 고전적 민족사회주의의 역사는 그런 경향에 대해 침중한 경고를 보낸다.

8. 자유주의자들의 과제

그러면 득세한 민족사회주의의 거친 공격에 대해 자유주의자들은 무엇을 할 수 있는가? 어떻게 해야 우리 사회를 뒤덮은 민족사회주의의 물살을 낮추고 집단주의 이념들의 확산을 막을 수 있는가?

사람은 이념을 필요로 한다. 세상에 대한 태도를 형성하고 사회문제들에 대한 견해를 세우기 위해선, 누구나 이념이 있어야 한다. 그래서 어떤 사람이 지닌 이념이 아무리 거칠거나 틀렸어도, 그가 자신의 이념을 스스로 버리기를 기대할 수는 없다.

근년에 빠르게 자라난 밈 이론(memetics)은 사람이 지닌 밈들이 그를 지배하지, 그가 밈들을 선택하고 조정하는 것이 아님을 설파한다. 좀 거칠게 말하면, 밈들은 주인들이고 사람들은 노예들이다. 이념은 서로 친화적인 밈들의 집합체(coadapted meme complex), 이른바 밈플렉스(memeplex)이다. 자연히, 사람은 그가 지닌 이념을 마음대로 버릴 수 없다.

사정이 그러하므로, 사람이 자신의 이념을 버리도록 하는 길은 그것보다 나은 이념을 제시하는 길뿐이다. 어떤 유전자가 그것보다 생존력이 뛰어난 대체유전자(allele)에 의해서만 대치되듯이, 어떤 밈이나 밈플렉스는 그것보다 생존력이 뛰어난 밈이나 밈플렉스에 의해서만 대치된다. 민족사회주의보다 나은 이념이 나와서 사람들의 뇌에서 민족사회주의가 차지한 자리를 대신 차지할 때, 비로소 민족사회주의의 확산이 멈출 것이다.

그 과업을 수행할 수 있는 이념은 물론 자유주의뿐이다. 자유주의는 민족사회주의에 대한 대체적 이념일 뿐 아니라 이론과 현실에서 민족사회주의보다 훨씬 낫다는 것이 증명된 이념이다. 불행하게도, 이념적으로 낫다는 것이 환경에 더 잘 적응되었다는 것과 늘 같지는 않다. 밈플렉스로서의 민족사회주의는 사람의 뇌라는 환경에 아주 잘 적응했다. 사람의 감정과 직관에 대한 그것의 호소력이 워낙 크므로, 불안정한 사회들에서 그것은 아주 쉽게 자유주의를 이긴다. 민족사회주의의 확산을 막는 일은 그래서 무척 힘들다.

결정적으로 중요한 이 과업에서 실질적 성과를 내려면, 자유주의자들은 먼저 민족사회주의와 자유주의 사이의 대립은 본질적으로 이념적 싸움임을 온 사회에 뚜렷이 알려야 한다. 이념은 여러 분야들에서 여러 모습들로 나타나므로, 일반 대중이 그런 모습들로부터 이념의 실체를 도출해 내는 일은 실질적으로 불가능하다. 널리 흩

어지고 서로 연관성이 적어 보이는 현상들과 정책들을 한데 모아서 그것들의 바탕에 민족사회주의라는 이념이 있음을 보여주는 일은 그래서 긴요한 첫걸음이다. 아울러 그렇게 함으로써, 자유주의자들은 이념적 싸움의 전선이 어디에 어떻게 형성되었는가 드러낼 수 있고 민족사회주의자들로 하여금 자신들의 정체를 드러내도록 강요할 수 있다.

다음엔, 자유주의자들은 민족사회주의가 대한민국의 기본 이념과 구성 원리에 전혀 맞지 않는 이질적 이념임을 지적해야 한다. 이어 자유주의와 민족사회주의는 서로 섞일 수 없는 이념들임을 밝히고 그렇게 이질적 이념을 우리 사회의 정책들에 도입하려는 시도가 지금 우리 사회가 맞은 어려움의 근본적 원인임을 알려야 한다. 지금 집권세력에 적대적이거나 회의적인 시민들이 다수이지만, 그들은 거의 모두 집권세력이 경제에 전념하고 무리한 경제정책을 바꾸면 우리 사회의 어려움은 이내 사라지리라고 여긴다. 자유주의자들은 우리 사회의 근본적 문제가 우리 사회에 본질적으로 이질적인 이념을 도입하려는 집권세력의 시도이며, 경제적 어려움을 포함한 다른 문제들은 모두 그런 근본적 문제에서 파생된 부차적 효과임을 밝혀야 한다.

셋째, 이념적 싸움을 특정한 경제적 논점으로 축소하는 경향을 경계해야 한다. 그렇게 싸움이 축소되면, 집권세력에 의한 이질적 이념의 도입이라는 진정한 문제는 시야에서 사라지게 된다.

두드러진 예는 근년에 줄곧 사회적 화두였던 '성장 대 분배'이다. 이것은 이념적 문제라기보다는 기술적 문제에 가깝다. 비록 대립이 이념적 전선을 따라서 형성되어서 자유주의자들이 대체로 성장 진영을 이루고 사회주의자들이 분배 진영을 이루었지만, 그런 대립이 진정한 이념적 대립이라고 보기는 어렵고 실제로는 거짓 논점에 가깝다. 누구도 경제성장이나 공정한 분배가 바람직한 목표들임을 부정하지 않는다. 그래서 그것은 기껏해야 우선 순위에서의 차이일 따름이다. 조금만 깊이 그 논점을 살핀 사람이라면 누구나 쉽게 깨달을 수 있는 것처럼, 그것의 진정한 논점은 고전적 논점인 '자유 대 평등'이며 '성장 대 분배'는 그것의 파생적인, 그나마 왜곡된, 논점에 지나지 않는다. 다른 집단주의 이념들과 마찬가지로, 민족사회주의는 소득과 재산의 평등을 가장 높은 이상으로 삼는다. 그것은 개인들의 자유가 중요한 가치임을 부인한다. 자유주의는 소득과 재산의 절대적 평등을 추구하면 그 과정에서 오히려 정당화될 수 없는 불의를 필연적으로 불러온다고 여긴다. 그런 불의는 현실적으로는 재산권과 법의 지배에 대한 근본적 침해를 낳기 때문에, 비효율과 압제를 불러오고, 궁극적으로는 평등의 이상조차 제대로 이루지 못한다고 주장한다. 경제성장은 법의 지배가 확립되어 재산권이 제대로 보장된 사회에서 개인들이 자유롭게 활동할 때 자연스럽게 나오는 현상이고, 경제성장을 통해서만 덜 불의하고 덜 불평등한 소득과 재산의 분배가 이루어진다는 자유주의자들의 주장이 옳았음을 역사는 뚜렷이 보여준다. '자유 대 평등'이라는 방식으로 요약된 논점은 문제를 밝히는 데 도움이 되지만, '성장 대 분배'라는 방식으로 요약된 논점은 전체주의 이념이 지닌 문제들과 폐해들을 또렷이 드러내는 것을 아주 어렵게 한다.

밈플렉스들 사이의 싸움은 쉽게 끝나는 경우가 드물다. 그저 군대의 모습이 바뀌고 전선이 이동하는 경우가 흔하다. 이념들 사이의 싸움은 결코 끝나지 않는다. 어떤 이념도 완전히 죽지 않고, 환경이 바뀌면, 모습을 바꾸어 다시 나타난다. 아마도 사람의 본성이 크게 바뀌지 않는 한, 민족사회주의는 많은 사람들에게 호소력을 지닐 터이고 이 세상에서 사라지지 않을 것이다. 자유주의자들은 그 사실을 늘 기억하고서 길고 힘든 이념적 싸움에 대비해야 한다.

참고문헌

Acemoglu, Aron, and Johnson, Simon, and Robinson, James A. 2001. "The Colonial Origins of Comparative Development: An Empirical Investigatin". *American Economic Review*, 91.

Axelrod, Robert. 1984. *The Evolution of Cooperation*. Basic Books.

Bhagwati, Jagdish N. 1988. *Protectionism*. The MIT Press.

Blackmore, Susan. 1999. *The Meme Machine*. Oxford University Press

Brittan, Samuel. 1988. *A Restatement of Economic Liberalism*. Macmillan.

____. 1998. *Essays, Moral, Political and Economic*. Edinburgh University Press.

____. 2005. *Against the Flow*. Atlantic Books.

Buchanan, James M. and Tullock, Gordon. 1962. *The Calculus of Consent*. The University of Michigan Press.

Caldwell, Bruce. 2004. *Hayek's Challenge*. The University of Chicago Press.

Davis, Morton D. 1970(1973). *Game Theory*. Basic Books.

Dawkins, Richard. 1976(1989). *The Selfish Gene*.

____. 1999. *The Extended Phenotype*. Oxford University Press.

De Soto, Hernando. 1993. “The missing ingredient”. *The Economist*, September 11; Special Supplement “The Next 150 Years: The future surveyed”.

Dennet, Daniel C. 1995. *Darwin's Dangerous Idea: Evolution and the Meaning of Life*. Simon and Schuster.

____. 2003. *Freedom Evolves*. Penguin Books.

Easterly, William and Levine, Ross. 2002. “Tropic, Germs, and Crops: How Endowments Influence Economic Development”. *NBER Working Paper*, No. 9106, August 2002, JEL No. O1, N1, F43.

Einaudi, Mario. 1974. “Fascism”. *International Encyclopedia of the Social Sciences*. Crowell Collier and Macmillan, Inc.

Feinberg, Joel. 1973. *Social Philosophy*. Prentice-Hall.

Frankena, William K. 1973. *Ethics*. Prentice-Hall.

Friedman, Milton. 1962(1982). *Capitalism and Freedom*. The University of Chicago Press.

Friedman, Milton and Friedman, Rose. 1980. *Free to Choose*. Harcourt Brace Jovanovich.

Gill, Richard T. 1967. *Evolution of Modern Economics*. Prentice-Hall, Inc.

Golding, Martin P. 1975. *Philosophy of Law*. Prentice-Hall.

Grossman, Gregory. 1967. *Economic Systems*. Prentice-Hall.

Hayek, Friedrich A. von. 1944. *The Road to Serfdom*. Routledge.

____. 1948. *Individualism and Economic Order*. The University of Chicago Press.

____. 1960. *The Constitution of Liberty*. The University of Chicago

Press.
Hull, David L. 1974. *Philosophy of Biological Science*. Prentice-Hall.
Kohn, Hans. 1969. "Fascism". *Encyclopaedia Britannica.*
Marx, Karl. 1847(1967). *The Communist Manifesto*. English ed. of 1888. Penguin Books.
____. 1886(1976). *Capital*, vol 1, translated by Ben Fowkes. Penguin Books.
Mankiw, N. Gregory. 1998. *Principles of Economics*. The Dryen Press.
Mayr, Ernst. 2001. *What Evolution Is*. Basic Books.
Mises, Ludwig von. 1927(1985). *Liberalism*. translated by Ralph Raico. The Foundation for Economic Education, Inc.
Nozick, Robert. 1974. *Anarchy, State, and Utopia*. Basic Books.
Paxton, Robert O. Paxton. 2004. *The Anatomy of Fascism*. Alfred A. Knopf.
Pen, J. 1958(1965). *Modern Economics*. translated from the Dutch by Trevor S. Preston. Penguin Books.
Pipes, Richard. 2003. *Vixi*. Yale University Press.
Plotkin, Henry C. 1993. *Darwin Machines and the Nature of Knowledge*. Harvard University Press.
Rand, Ayn. 1966. *Capitalism: The Unknown Ideal*. New American Library.
Rawls, John. 1971(1999). *A Theory of Justice*. Harvard University Press.
Ridley, Matt. 1996. *The Origins of Virtue*. Penguin Books.
Robinson, Joan. 1962(1964). *Economic Philosophy*. Pelican Books.

Roll, Eric. 1978. *The Uses and Abuses of Economics and Other Essays*. Faber and Faber.

Samuelson, Paul A. and Nordhaus, William D. 2001. *Economics*. McGraw-Hill.

Schumpeter, Joseph A. 1942(1947, 1950, 1975). *Capitalism, Socialism, and Democracy*. Harper & Row.

____. 1954. *History of Economic Analysis*. Oxford University Press.

Smith, Adam. 1759. *The Theory of Moral Sentiments*. Prometheus Books.

____. 1776(1937). *An Inquiry into the Nature and Causes of the Wealth of Nations*. The Modern Library

Weber, Max. 1904-1905(1958). *The Protestant Ethic and the Spirit of Capitalism*. translated by Talcott Parsons, Charles Scribner's Sons.

Williams, George C. 1966(1996). *Adaptation and Natural Selection*.

Wilson, Edward O. 1998(1999). *Consilience*. Vintage Books.

Wright, Robert. 1994(1995). *The Moral Animal*. Vintage Books.

"자유주의에 대한 위협"에 대한 논평

| 설 헌 영 | 조선대 |

1. '자유주의와 그 적들'이란 담론의 성격 : 이론적인가, 이데올로기적인가?

냉전시대엔 적과 동지를 준별해서 선악의 딱지를 붙이고 악한 적을 섬멸하는 일은 선한 체제의 존립과 번영을 위해 필요하고도 긴급한 작업으로 여겨져 왔다. 이렇게 적과 동지의 이분법이 선악의 도덕적 이분법과 결합될 때 살벌한 호전적 이미지가 떠오르는 것은 냉전시대에 갇힌 우리 현대사의 비극적 경험 때문일 것이다. 몇몇 국가를 '악의 축'으로 호명해 낸 후 미국 편인지 테러리스트 편인지를 선택하라는 부시의 도덕적 이분법의 요구가 우리에게 더욱 섬뜩하게 다가오는 것도 그 때문이리라.

그런데 냉전체제의 해체와 더불어 도래한 불투명성의 시대에 적과 동지를 이분법적으로 구분해 낸다는 것은 도대체 어떤 의미를 갖는 것일까? 적 속에 동지가, 동지 속에 적이 있어서 적과 동지의 경계선이 모호해진 상황은 종래의 이념과 체제, 이데올로기 문제에 대한 근본적인 재검토와 깊은 성찰, 새로운 이론적 접근을 요구하는가, 아니면 더욱 예리하게 적을 색출하는 이데올로기적 작업을 요구하는가?

홉스봄이 말하는 '극단의 시대'인 20세기를 통과하면서 자유주의와 극단적 대립을 벌였던 사회주의는 몰락했다. 사회주의라는 낡은 적을 물리치고 승리한 자유주의 앞에 등장한 새로운 적들은 어떤 것들인가? 탈냉전적인 지구적 상황에서도 지역적으로 민족공동체라는 한 지붕 아래 냉전시대의 마지막 유물과 동거하고 있기에 우리 사회의 자유주의의 적은 여전히 사회주의라는 낡은 적인 것일까?

복거일(이하 필자)의 논문을 읽고서 논평자에게 위와 같은 의문들이 한꺼번에 떠오르게 된 것은 놀라울 정도로 단호하고도 단순한 필자의 주장 때문이다. 이 주장을 요약하면 이렇다: 우리 사회에서 자유주의의 적은 민족사회주의이다. 자유주의는 적들과의 싸움에서 깔끔하게 승리했다. 따라서 자유주의자들의 과제는 우리 사회에서 민족사회주의자들의 정체와 본색을 드러내는 근본적인 수준의 이념싸움(이 싸움의 이론적 원천은 『열린 사회와 그 적들』(1945)이고 이념적 동지는 『시장경제와 그 적들』(1997)인가?)이다.

논평자는 위와 같이 요약된 주장의 전개 과정에 따라 필자가 말하는 '민족사회주의의 이념', '자유주의의 정의', '자유주의자의 과제'에 관련된 몇 가지 문제점에 관해서 차례로 살펴보고자 한다.

2. 민족사회주의는 문득 우리 사회의 가장 강력한 이념이 되었는가?

‘민족사회주의의 이념’에 관하여

필자가 애써 강조하는 것은 파시즘과 나치즘이 ‘우파’의 이념이 아니라 사회주의의 변종이라는 것이다. 이 주장이 함의하는 것은 나치즘이 권위주의적 보수주의와 근본적으로 다르기에 좌파에게만 해당될 뿐 우파와는 무관하다는 것이다. 그러나 이 주장은 이론적으로 자가당착적이고 일면적일 뿐만 아니라 역사적 사실을 은폐하고 왜곡한다.

이 주장의 핵심 근거로 필자가 주목하는 것은 파시즘이 이념적으로 사유재산제에 적대적이고 정책적으로는 재산권에 폭력적 침해를 추구했다는 점이다. 그러나 필자도 민족사회주의의 특질 16개를 열거할 때 이미 인정하고 있듯이, 나치즘은 교리를 수단으로만 여길 뿐 일관된 체계나 정당한 이론을 제공하는 데 관심조차 없는 이념(?)이다. 따라서 일관된 정책 프로그램을 제시하지 않았다. 이러한 나치즘에 있어서 사회주의라는 말은 한낱 수사일 뿐이다. 게다가 사회주의자들과 공산주의 세력을 악마화된 적으로 간주하기에 이러한 나치즘을 사회주의의 변종으로 간주한다는 것은 앞뒤가 맞지 않는 주장이다.

나치즘의 반유대주의가 반자본주의와 같은 뿌리에서 나왔다는 주장도 하나의 해석일 뿐이다. 오히려 아도르노의 『계몽의 변증법』의 분석에 따르면, 자본주의적 효율성의 원천인 계산적 사유가 휘두르는 동일화의 논리가 반유대주의의 뿌리이다. 독점을 낳고 제국주의로 치닫는 국가 자본주의의 한 형태가 반유대주의의 원천이라는 해석을 논파하지 않는 한, 필자의 주장은 그만큼 설득력이 떨어질 수밖에 없다.

나치즘은 민족을 궁극적 목적으로 삼고 사회주의를 수단으로 삼는다면, 모든 이념들이 민족주의의 거센 자장권 안에 놓여서 민족주의에 적응해야만 했다면, 갑작스러운 변태를 낳는 힘이 민족주의라고 한다면, 민족주의적인 우파의 이념이라고 해서 나치즘에 대한 면죄부를 갖는 것은 아니다. 게다가 밈플렉스로서의 나치즘이 인간의 뇌라는 환경에 아주 잘 적응했다는 필자의 주장대로라면, 우파의 뇌에만 나치즘이 적응하는 데 실패한다는 주장도 억측이거나 지나친 예단이다.

나치즘이 우파의 이념이 아니라 좌파의 변태적 이념일 뿐임을 애써 강조하는 주장이 의도하는 것은 한국 나치즘의 뿌리가 1997년 이래 두 차례나, 그것도 연속해서 들어선 좌파 정권이라는 점을 부각시키려는 것이다. 이는 유신체제의 박정희 정권은 압제적인 군부 정권이긴 하지만 극단적인 형태일 뿐 어디까지나 우파 정권이기에 나치즘의 뿌리일 수 없다는 것을 함의한다.

'우리 안의 파시즘', '대중독재' 담론의 문제제기 이래 박정희 정권의 파시즘적 성격을 둘러싸고 최근 우리 사회에서 벌어지고 있는 이론적 논쟁은 우리 사회에서 나치즘의 뿌리가 박정희 시대의 군부독재정권에 있음을 더욱 폭넓고 깊이 있게 드러내고 있다. 1997년 이래 들어선 '좌파 정권'보다도 폭력의 일상적 사용, 법의 지배의 부정, 공존의 거부, '악마화된 적'의 사용, 평행 조직들의 이용 등 나치즘의 특질을 훨씬 많이 지니고 있는 것이 극단적 형태의 우파 정권이 아닌가?

김대중 정권, 노무현 정권이 중도 우파 정권이 아니라 나치즘을 본색으로 하고 있는 '좌파 정권'이라고 확고하게 규정하는 주된 근거는 공식적 사회기구로 설치된 '노사정위원회'이다. '노사정위원회'는 단체주의에 바탕을 둔 기구이고, 단체주의는 파시즘의 경제적 이념이기 때문이라는 것이다. 그런데 이와 같은 근거가 과연 타당한 것일까?

우선 노사정위원회가 헌법에 어긋나기에 부당하다는 주장은 노사정위원회가 불법적이라는 것인지, 아니면 합법적이되 부당하다는 것인지 분명치 않다. 주지하다시피 노사정위원회는 1997년 말 경제위기와 IMF 관리체계를 극복하기 위한 사회적 협의기구로 1998년 1월에 출범한 후 그 해 3월 28일에 설치운영 규정이 대통령령으로, 그리고 1999년 5월 24일에 노사정위원회법률이 헌법기관인 국회에서 합법적 절차를 통해 제정 공포되어 운영되고 있기에 합법적 기구이다. 이는 파시즘의 근거라기보다는 대의민주주의가 안고 있는 대표의 정당성 문제를 보완하기 위한 참여민주주의 혹은 협의민주주의 이념에 따르는 것으로 해석하는 것이 온당하지 않는가?

노사정위원회가 경제적 자유주의의 이념에 이질적이라는 필자의 주장은 온당한 것처럼 보인다. 그러나 노사정위원회가 과연 시장경제체제를 직접적으로 허무는 역할을 수행하는 것일까? 오히려 위기에 처한 시장경제체제가 해결할 수 없는 사회적 갈등을 사회적 합의를 통해 해결하는 데 기여함으로써 시장경제체제의 작동을 원활하게 하는 기능은 없는가?

노사정위원회에 대한 평가와 전망에 관한 글들을 읽어보면, 노사정위가 사회적 합의나 코포라티즘의 제도적 장치라고 이해하는 측과 사이비코포라티즘 기구이거나 노동통제의 수단일 뿐만 아니라 신자유주의적 노동정책이나 구조조정을 정당화하기 위한 이데올로기적 통제장치라고 주장하는 측이 극단적으로 대립하고 있는 실정이다. 그런데 필자도 인정하듯이 '좌파 정권'이 설치한 노사정위원회가 시장경제의 모형들 가운데 '유럽 대륙의 독일 모형'이라고 한다면, 노사정위원회를 설치하여 운영하는 국가들(국제노사정기구연합(IAESC SI)에 가입하고 있는 프랑스, 네덜란드 등 유럽 17, 남아공 등 아프리카 14, 중국 등 아시아 3, 중동 1, 모두 39개국)은 모두 나치즘을 본색으로 하는 국가들인가?

3. 자유주의가 곧 경제적 자유주의이고, 경제적 자유주의는 끝내 깔끔하게 승리했는가?

'자유주의의 정의'에 대하여

필자는 자유주의의 적들에 관해서는 지면의 상당한 부분을 할애할 정도로 장황하게 논의하는 데 반해, 자유주의의 정의에 관해서는 간략하게 논의한다. 이는 자유주의에 관한 필자의 다음과 같은 두 가지 단순한 믿음에 기인하는 것처럼 보인다.

첫째, 자유주의는 현실에의 적용에서 실패한 적이 없었으므로 뚜렷한 변태가 없다.

둘째, 경제적 자유주의는 전체주의와의 이념 투쟁에서 끝내 깔끔하게 승리했다.

'변태'(metamorphosis)라는 말이 필자의 글에서 다의적으로 사용되고 있다. 하나는 단순하게 '갈래'라는 뜻으로, 또 하나는 '변이' 혹은 '변종'이라는 진화론적 의미로, 또 다른 하나는 '본래적이 아닌 것' 혹은 '비정상적인 변질'이란 의미로. 이와 같은 다의적 의미에서 볼 때, 자유주의의 역사는 이론적으로나 현실적으로 전체주의 못지 않게 다양한 변태를 드러낸다.

흔히 자유주의의 고전적인 이념형을 제시한 이로 평가받고 있는 17세기 로크의 자유주의(비록 로크 자신은 스스로를 자유주의자로 호칭한 적이 한 번도 없었지만)의 성격을 둘러싼 논쟁사만 보더라도 자유주의는 단순하기는커녕 크게 두 가지로 갈린다. 즉 로크의 사상을 자본주의를 정당화하려는 것이 아니라 자연법적 전통을 계승하는 윤리적 개인주의로 해석하는 진영과 자본주의적 소유권을 정당화하려는 소유적 개인주의로 해석하는 진영으로 크게 갈리고 있는 형편이다.

게다가 자유주의라는 말이 처음 사용되기 시작한 19세기 벤담과 밀의 자유주의, 19세기 말 최초의 일반적 수준의 세계공황을 경험한 이후 등장했던 홉슨과 홉하우스의 신자유주의, 20세기 러시아 혁명 이후 전개된 냉전시대에 공산주의와 이념 전쟁을 치렀던 '냉전 반공 자유주의'(cold war liberalism), 20세기 말 복지국가의 실패를 극복하고자 등장했던 신자유주의, 그리고 롤즈의 정치적 자유주의와 노직의 자유지상주의 등 실로 다양한 종류의 자유주의가 역사상 등장했던 것은 엄연한 사실이 아닌가?

필자는 자유주의만 있을 뿐 신자유주의는 없다고 강변한다. 자유주의의 적들이 불순한 의도를 갖고 선전적 필요 때문에 붙인 표지가 신자유주의라는 것이다. 그리고 이 표지는 패배주의를 뜻할 뿐이기에 거부되어야 마땅하다는 것이다. 그런데 자유주의 논쟁에서 늘 문제가 되는 국가의 역할을 둘러싸고 19세기 말의 홉하우스의 신자유주의는 세계공황이 야기한 자본주의의 위기를 국가의 강화를 통해 극복하고자 하였고, 20세기 말의 신자유주의는 1970년대에 출현한 세계사적 위기를 국가의 축소를 통해 극복하고자 했다. 상반된 정책을 똑같은 명칭의 신자유주의가 사용하고 있는데도 신자유주의를 단순하게 적들의 불순한 의도로 치부하고 말아도 되는 것인가?

경제적 자유주의가 끝내 깔끔하게 승리했다는 믿음도 반쪽의 진실만 담고 있을 뿐이다. 냉전체제가 사회주의의 붕괴와 자유주의의 승리로 막을 내렸다는 것은 역사적 사실이다. 그러나 "끝내 깔끔하게 승리했다"라는 말이 필자가 의도하는 것처럼 최종적인 승리를 함의하는 것인가? 그렇다면 그것은 이론적으로 증명된 것이 아니라 이데올로그의 소박한 믿음일 뿐이다. 마치 1917년 러시아 혁명의 성공 이래 사회주의체제의 이데올로그들이 70년 동안 사회주의의 최종적 승리를 한낱 믿음에 불과한 것이 아니라 확고부동하게 증명된 것으로 간주했듯이.

필자는 하이에크의 진화론적 자유주의를 수용하고 도킨슨의 『이기적 유전자』가 주장하는 새로운 자기 복제자로서의 밈(Meme)의 이론(memetics)이 스미스의 '보이지 않는 손'을 진화론적으로 잘 설명하고 있는 것으로 해석한다. 그런데 진화의 사슬에서, 그리고 진화의 사다리에서 미래의 방향까지 선취해서 이론적으로 증명하는 일이 가능하기나 한 것인가?

세계체제론의 시각에서 자본주의를 분석하는 월러스틴은 『자본주의 이후』에서 프랑스 혁명 이후 1815-1848년 사이에 차례로 등장하면서 사용되기 시작한 보수주의, 자유주의, 사회주의가 근대성과 '변화'의 정상화에 대한 세 가지 태도로서 어떻게 진화해 왔는가를 서술하고 있다. 이 진화 과정에서 공산주의 붕괴의 진정한 의미는 헤게모니 이데올로기로서의 자유주의의 최종적 붕괴라고 주장한다. 우리가 진입하고 있는 새로운 시대는 냉전체제를 떠받치고 있는 한 기둥의 몰락이 다른 기둥의 동시적 붕괴를 초래하면서 등장한다는 것이다. 나아가서 그는 이와 같은 시대에는 모든 것이 가능하지만 또 모든 것이 불확실하다고 주장한다.

필자의 정의에 따르면, "자유주의는 '사회적 강제를 되도록 줄여서 개인들의 자유를 한껏 보장하는 것이 옳다'는 이념"이다. 여기서 핵심적인 것은 사회적 선택들을 수행하는 정부의 몫을 되도록 줄이고 시장의 몫을 한껏 늘려야 한다는 것이다. 그리고 이렇게 파악된 자유주의는 현실에의 적용에서 실패한 적이 없었고, 끝내 깔끔하게 승리를 거둘 수 있었던 것은 자유의 핵심이 경제적 자유라는 것을 이론의 여지없이 증명한 경제적 자유주의이다. 경제적 자유주의가 자유주의를 실질적으로 대표한다.

위와 같은 경제적 자유주의자로서의 면모가 약여하게 드러나는 곳은 '친일문제에 대한 합리적 접근'이다. 좌파 정권의 본색이 나치즘임을 밝힌 후 우리 사회에서 나치즘은 '악마화된 적'(demonized enemies), 즉 친일파와 군부 정권, 재벌과 같은 내부의 적과 미국과 일본과 같은 외부의 적을 자양으로 삼아 세력을 키워 왔다고 필자는 주장한다. 이렇게 주장하는 필자에게 친일파 청산의 사회적 손익과 효율성의 계산은 세력 확장을 위한 나치즘의 감정적인 선동적 접근과의 차별성을 드러내어 경제적 자유주의의 우월성을 확보할 수 있는 좋은 방법일 것이다. 이런 접근은 언뜻 생각하기에도 신선하고도 필요한 작업처럼 보인다.

미국의 비영리단체인 랜드연구소가 미국 국방장관실(OSD)의 의뢰로 최근 작성한 「북한의 역설: 한반도 통일의 상황, 비용, 결과」

라는 보고서도 그와 같은 필요를 충족하기 위한 것이리라. 이 보고서에 의하면, 북한 정권이 한국의 흡수통일이나 무력분쟁 등으로 붕괴될 가능성이 있으며 이 경우 통일비용은 북한의 경제규모에 따라 최소 500억 달러(약 50조 원)에서 최대 6,700억 달러에 달한다. 필자가 계산한 혹은 짐작하고 있는 친일파 청산의 손익계산은 어느 정도인지 궁금하지 않을 수 없다. 필자의 주장대로 수치는 우리의 현실감각을 생생하게 하고 합리적으로 만드는 면도 있기 때문이다.

물론 경제적 자유주의의 합리적 접근은 필요하고도 중요한 통찰을 제공한다. 그러나 그것은 문제의 한 단면에 불과한 것이 아닐까? 친일파 청산이 역사적 청산일 수밖에 없다고 했을 때 필수적으로 요구되는 것은 전문적인 역사가들의 역사적 해석과 평가이다. 그렇다면 이와 같은 해석과 평가가 초래하는 경제적 효과는 계산 가능하다 하더라도 윤리적, 도덕적 효과와 교육적 효과, 정치적 효과는 경제적 자유주의의 방법으로 어떻게 계산할 수 있을까?

4. 누가 자유주의의 적인가?

'자유주의자의 과제'에 대하여

필자가 우리 사회에서 자유주의의 적이 '나치즘'이라고 확신하는 근거들 중의 하나는 역사적으로 실패했음이 입증된 '나치즘'이야말로 우리 사회의 근본문제를 일으키는 주범이라는 믿음이다. 이에 비해서 자유주의는 경제성장, 법치, 재산권 보장, 개인들의 자유로운 활동을 유일하게 보장할 수 있음이 입증되었다는 것이다. 그렇다고 한다면 이러한 믿음을 일반대중이 확인하고 확신할 수 있게 하는 것이 자유주의자의 과제라는 필자의 주장은 과연 튼실한 것일까?

현실에의 적용에서 실패해 본 적이 없는 이념이 어떻게 해서 '나치즘'보다도 불행하게도 인간의 본성에 더 잘 적응할 수 없는가? 이는 인간에 대한 이해가 잘못되었거나 '나치즘'에 대한 이해에 치명적인 잘못이 있다는 것을 의미하는 것이 아닌가?

필자가 염두에 두고 있는 불패의 자유주의의 모형은 '미국 모형'이다. 그러나 월러스틴의 최근 저서 『미국 패권의 몰락』(2003)의 주장에 따르면, "모두가 저마다 최선을 다하고 자신의 최대치를 성취하여 안락한 삶을 보장받을 수 있도록 고무되는 사회에 대한 꿈"이, "개인적 성취들의 총합의 하나의 위대한 사회적 선이 되는 미국의 꿈"이 오늘날 어떻게 도전받고 쇠퇴하고 있는지를 미국의 다섯 가지 현실 — 즉 미국 군사력의 한계, 세계 나머지 지역의 뿌리 깊은 반미감정, 번성하던 1990년대의 경제가 낳은 후유증, 미국 민주주의의 모순적 압력들, 그리고 미국의 시민적 자유전통의 취약성 — 에 대한 분석을 통해 설득력 있게 제시하고 있다.

오늘날 우리 사회에서 '자유주의'를 위협하는 적은 필자가 주목하는 '나치즘'처럼 '낡은 적'뿐인가? 급변하고 있는 시대적 상황에서 자유주의를 위협하는 새로운 내부와 외부의 '적들'은 많다. 정치적 자유주의, 공동체주의, 다문화주의, 민족주의, 페미니즘, 차이의 정치, 심의민주주의 등 실로 다양한 양상과 형태들의 '적들'이다.

왜 그리고 어떻게 자유주의는 냉전체제에서의 승리에도 불구하고 그토록 새롭고 다양한 종류의 위협과 한계에 직면하게 된 것일까? 지구를 상속받고 싶어하는 자유주의의 욕망과 현실적합성을 은밀하게 무너뜨리는 무엇인가가 자유주의에 깃들어 있는가? 자유주의의 확신을 약화시키는 모종의 근본적인 취약점이 자유주의 안에 내장되어 있는가? 벨라미(R. Bellamy)는 이와 같은 물음에 대한 답을 얻기 위해서는 역사적이고 논리적인 접근이 필요하다는 점을 지적한다. 자유주의는 16세기에서 19세기에 걸친 특수한 사회적 조건들로부터 등장했다. 그 이후 사회가 너무 많이 변화했다. 따라서 자유주의는 사회적 필요를 적절하게 충당할 수 있는 능력과 장치가 약화될 수밖에 없다는 일련의 역사적 과정을 파악하기 위해서는 역사적 접근이 필요하다는 것이다. 여기에다가 그 동안 자유주의를 떠받치고 있었던 사상과 철학적 논리의 변화가 자유주의를 쇠약하게 만든다는 것을 파악하기 위해서는 논리적 접근이 필요하다. 이는 한결같이 자유주의가 고전적인 자유주의에 대한 새로운 해석과 재구성을 할 것을 요구한다.

'자유 대 평등'의 문제에 있어서 절대적 자유나 절대적 평등을 주장한다는 것은 어불성설이다. '한껏' 자유로운 삶을 누리고 싶어하지 않는 사람은 없다. 문제는 개인들의 한껏 자유로운 삶을 어떤 이념이 어떻게 보장할 수 있는가라는 점이다. 자유주의만이 해법이라는 주장은 공허한 외침이거나 독단적 주장이기 쉽다. '자유주의와 그 적들'이란 담론은 탈냉전 시대에 맞게 이데올로그적인 이념투쟁을 넘어서서 자유주의의 낡은 버전을 업데이트하는 작업, 즉 학문적이고 이론적인 수준에서의 논쟁을 절실하게 요구하는 것이 아닌가? 누가 자유주의의 승리를 부인하는가? 어떤 자유주의가 증명되었는가?

“자유주의에 대한 위협”에 대한 논평

| 김 형 철 | 연세대 |

오늘날 한국에서 복거일만큼 정교한 근거에 바탕을 두고 확실하게 자유주의를 대변하고 옹호하는 지성인도 드물다. 그는 자유주의가 인간이 사회를 구성하고 살아가는 데 있어서 최상의 제도라는 점을 주장하는 데에 조금도 주저함이 없다. 우리는 “① 이론적으로 볼 때, 사회민주주의가 자유주의보다 도덕적 우월성을 확보하고 있다는 것은 부인할 수 없는 사실이다. ② 그러나, 현실적으로 사회주의가 인간사회에서 전적으로 실현된다는 것은 불가능하다. ③ 따라서, 현실적으로 자유주의를 차선책으로 지지한다”는 입장을 표방하는 사람들을 보곤 한다. 나는 이러한 입장이 자유주의에 대하여 진정한 이념적 지지를 보내는 것으로 간주하지 않는다. 자유주의는 현실적 편의성 때문에만 지지될 수 있는 성격의 이념이 아니다. 자

유주의는 인간의 깊은 내면에 자리잡고 있는 심층적 가치인 자유가 최우선적으로 보장될 때, 인간다운 삶을 영위할 수 있는 사회의 기본 구조가 형성된다고 보는 입장이다. 자유주의는 사회주의에 비해 도덕적으로 열등한 이념도 아닐 뿐만 아니라, 이론적으로 빈약한 이념도 아니다. 이런 입장을 분명하게 밝힌다는 점에서 복거일과 나는 분명하게 같은 이념적 지평 위에 서 있다. 이념적 궤도를 같이 하는 복거일을 비판적으로 논평하는 일은 분명 쉬운 일은 아니다. 그러나, 큰 그림을 같이 한다고 세부적인 전략에서마저 초록동색일 수는 없다.

1. 복거일은 이념적 전쟁을 제대로 선포하고 있는가?

현재 대한민국에서 정권을 담당하고 있는 정치세력들은 자신들이 민족사회주의로 명명되는 것을 대단히 싫어한다. 좌파 정권이라고 불리는 것이 선거에서 정치적 이득을 가져오지 못한다는 전략적 사실을 잘 알고 있기 때문이다. 그런데, 복거일은 바로 이런 것이 정치적 술책이라는 점을 직시하고 그 사실을 집중적으로 부각시켜야 한다고 주장하는 데에 동의한다. 왜냐하면 집권세력은 자신의 이념적 지평을 국가 비전으로서 분명하게 밝히고 국민의 동의를 구하면서 국정을 지도해 나갈 도덕적 의무가 있기 때문이다.

다만, 복거일은 자유주의에 대한 최대의 적으로 간주하는 민족사회주의가 이념으로서 존재하는 제도를 말하는 것인지, 역사적으로 실존했던 현실에서의 제도를 말하는 것인지를 분명하게 구별해야 한다. 복거일이 지적하고 있는 민족사회주의의 많은 특질들은 이념적이기보다는 현상적인 성격이 지나치게 강하다. 현실제도로서의 민족사회주의가 가지고 있는 폐단을 지적함으로써 그 이념의 위험성과 허구성을 비판하는 자세는 공정하지 못한 비판에 직면하게 된다. 현실제도로서의 자유민주주의도 '한국식 민주주의'라는 허울을 쓰고 왜곡되게 포장된 쓰라린 역사적 경험을 갖고 있다. 또 그러한 역사적 현실로서의 왜곡된 현상에 기초해서 자유민주주의의 허구성을 비판한다면 그 역시 불공정한 비판이기 때문이다. 복거일은 '이념전쟁'과 같은 전투적 용어를 사용하는 것보다, 이념 간의 공정한 경쟁을 공개적으로 유도하는 것이 더욱 바람직하다.

2. 복거일은 자유주의의 본질을 정확하게 보여주고 있는가?

복거일은 자유주의의 본질이 개인의 자유에 대한, 특히 소극적 자유에 대한 사회적 제약을 제거하는 것이라고 본다. 그는 또한 시장으로 대표되는 경제적 자유주의의 중요성을 "자유의 핵심은 경제적 자유이다. 재산권에 바탕을 둔 경제적 자유 없이 다른 자유들이 존재할 수 없다"라고 주장한다. 과연 정치적 자유가 경제적 자유에 종속되는 부차적인 것일까? 1997년 이래 현재까지의 정권이 좌파적 경제정책과 민족지상주의적 통일정책을 펼친다고 할지라도, 정권획득 과정에서 절차적 정의를 결정적으로 위반한 사실이 없다. 오히려 경제개발과 성장 위주의 이념적 정당성에 도취된 '자유주의' 세력들이 정치적 자유주의의 절차적 정의를 위반하는 오류를 더 많이 저질렀다. 물론 현실적으로 정치적 자유가 극도로 억압되면서도 경제적 자유를 맘껏 구가하는 싱가포르와 같은 국가도 있다. 물론 중국 합병 후의 홍콩과 현재의 상해도 국가라고 할 수는 없지만 같은 범주에 들어간다. 멀리 외국의 예를 들 것도 없이 유신시대하의 대한민국도 경제적 자유주의를 추구했지만 정치적 자유주의는 부정의하게 억압되어 있었다. 혹자는 박정희 시대에서 정치적 자유가 억압되었기 때문에 경제적 번영을 성취할 수 있었다고 주장하기도 한다. 나는 자유의 핵심이 정치적 자유라고 생각한다.

3. 복거일은 민족통일에 대한 자신의 입장을 갖고 있는가?

동일민족이 전쟁을 치른 후에 50여 년 동안에 걸쳐서 장기간 분단되고 있는 현재의 한반도의 상황은 분명 비극적이며 반드시 극복되어야 할 민족 내부의 갈등상황이다. 현재의 상황에서 대한민국의 모든 사람이 통일을 열망하는 것은 당연하며, 더군다나 강대국의 침략을 과거에 경험한 터라, 민족통일의 중요성을 부정하기는 힘들다. 통일과 관련한 입장은 민족통일지상주의자, 민족통일자유주의자, 민족통일사회주의자, 민족통일반대주의자 등과 같이 네 가지가 있을 수 있다. 첫째 입장과 같이 "통일만 되면 체제에 관계없이 무조건 최고다"와 같은 감상주의적 사고는 대단히 위험하다. 사회체제가 우리에게 미치는 영향력이 엄청나기 때문이다. 넷째 입장과 같이 "통일된 후에 오는 혼란을 감안할 때 차라리 안 되는 것이 낫겠다"는 입장은 지나치게 무책임하고 이기주의적이다. 현재 상황에서 통일이 되면 약 3백만-4백만 명의 북한 주민이 38선을 통해서 남한으로 내려올 것으로 추산된다. 따라서, "통일독일의 어려움을 감안하건대, 차라리 통일되지 않는 것이 훨씬 낫겠다"는 입장은 수용하기 힘들다. 문제는 "반드시 자유주의로 통일해야 한다"는 입장과 "반드시 사회주의로 통일해야 한다"는 입장의 충돌에서 민족통일사회주의는 집단적 사고를 한다는 점에서 내부적 모순이 미미하다. 비록 계급과 민족의 충돌이 발생하는 경우에 어려움을 경험하기는 하지만 말이다.

비록 "민족이 모든 가치의 궁극적 귀속처"는 아니라고 하더라도,

인간사회에서 민족과 문화의 개념이 중요하다는 것은 분명하게 인정해야 한다. 현재 발생하고 있는 지역분쟁의 많은 부분이 민족과 문화의 충돌에 있다는 사실이 그 점을 잘 보여주고 있다. 복거일은 집단주의에 대한 개인주의의 도덕적 우선성을 주장하면서, 어떻게 민족통일과 관련한 입장을 정립할 수 있는가? 즉, 개인주의인 자유주의와 집단주의인 민족주의의 충돌은 화해 불가능하다면, 복거일은 민족통일자유주의를 주장하지만 결국 민족통일반대주의로 전락하는 것은 아닌가? 특히 경제적 자유를 자유의 핵심으로 본다면, 통일비용 조달을 위하여 최소한으로 필요한 각종의 좌파적 경제정책적 요소를 어떻게 평가할 것인가?

4. 복거일은 자유주의의 적이 외부에만 있다고 보는가?

복거일은 민족사회주의가 자유주의에 위협을 가한다고 본다. 자유민주주의는 소수의 의견과 권리를 존중하면서 자유토론을 거친 후 다수결에 따른 선택을 내린다. 오늘날 자유선거를 통해서 좌파적 성격의 정권이 자유대한민국에 들어선 이유는 외부의 적인 민족사회주의의 이념적 매력 때문이라기보다는 자유주의를 제대로 시행하지 않은 자유주의 내부의 실패가 더욱 큰 역할을 한 것이다. 경제적 발전을 위한다는 명목으로 정치적 독재를 정당화하려 했던 자유주의 내부의 실패부터 철저하게 반성되어야 한다. 좌파 정권은 경제성장에 제대로 성공하지 못한다는 사실은 그들에게 치명적 약점이다. 평등정책은 경제에서나 교육에서나 경쟁을 배제하기 때문에 실패할 수밖에 없다. 평등 자체를 목적으로 하는 사회주의는 멸망의 길을 걸을 수밖에 없다는 것은 역사가 보여주었고, 후쿠야마가 확실하게 역사의 종말이 왔다고 선언했다. 결과의 평등은 결코 유지될 수 없을 뿐만 아니라, 바람직하지도 않다.

인간의 자아실현은 부족한 자원을 사용함으로써 가능해진다. 부족한 자원을 사용하는 권한은 경쟁을 통해서 이루어진다. 그런데, 이 경쟁은 무한경쟁이 아니라, 공정한 규칙이 있는 경쟁이어야 한다. 그렇지 않으면, 모두가 승자가 될 수 있는, 즉, 개인들의 자유와 복지가 절대적 상승을 할 수 있는 여지가 있는 비영합적 게임에 대한 플레이어 모두의 합의를 도출할 수가 없다.

5. 맺는 말

오늘날 대한민국에 자유주의의 위기가 존재한다는 복거일의 주장에 동의한다. 이러한 위기의 원인은 정치적 자유주의의 올바른 실현을 무시한 것에 있다. 민족사회주의가 사회의 일부 세력에 의해서 주창될 때, 자유민주주의 세력은 관용으로 대할 수 있다. 그러나 그런 이념이 만약 집권세력으로 등장하게 된다면, 그러한 관용은 적극적인 주장으로 전환되어야 한다. 그러나, 자유주의자는 자신의 정체성을 상실하지 않는 방식으로 자유주의를 옹호해야 한다. 복거일이 지적한 현실에서의 민족사회주의자들과 동일한 방식으로 자유주의를 옹호하는 것은 매카시즘과 같이 또 다른 정치적 자유주의의 자기 부정으로 나타날 위험을 안고 있다.

불행한 역사를 반복시킬 여유가 우리에게는 없다.

급진자유주의의 정치철학*

—한국 자유주의의 새로운 출발을 위한 제언—

| 윤 평 중 | 한신대 |

1. 어떤 자유주의인가?

오늘의 한국사회가 자유민주주의 체제임을 부인하는 사람은 별로 없다. 자유주의가 한국인에게 매우 친숙한 현실적 실정성을 지닌 이념으로 간주되고 있는 것이다. 흥미로운 것은 자유민주주의를 구성하는 기본 요소들 가운데 하나인 민주주의에 대한 호의와 이상화와는 달리, 자유주의에 대해서는 부정적인 평가가 대종을 이루고 있다는 사실이다. 이는 사회적 발언권과 의제 설정력을 갖춘 지식인 사회에서 두드러지게 나타나는 특징이다.

* 이 논문은 2005년도 한신대학교 교수연구비의 지원을 받은 것이다.

왜 그렇게 되었을까? 자유주의에 대한 과소평가와 폄하의 연원은 자유주의 일반의 유연한 본성과 그 포괄적 지향성에 대한 이해가 우리 사회에서 매우 부족했고, 또한 한국 자유주의가 아주 왜곡된 방식으로 실행되어 왔다는 사실로부터 비롯된다. 단적으로 해방 이후 지금까지 자유주의는 한편으로 보수 기득권 집단에 의해 오용되어 왔고, 또 다른 한편으로 진보세력에 의해 멸시당해 왔다고 할 수 있다. 그러나 자유주의에 대한 이 같은 대응방식들은 둘 다 자유주의의 합리적 핵심을 제대로 이해하지 못한 데서 온 것이다.

이 모든 논의에 있어 전제되어야 할 것은 자유주의가 결코 단일한 실체가 아니라는 현실적 교훈이다. 또한 역사적 자유주의는 결코 완료된 프로젝트로 간주되어서도 안 된다.[1] 이를 망각할 때 자유주의에 대한 손쉬운 판단이라는 함정에 빠지게 된다. 한국의 보수와 진보는 각기 다른 이유로 자유주의에 대한 성찰적 이해 대신 성급한 규정을 앞세워 온 것이다. 한국사회의 자유주의 논쟁에서 가장 부족한 부분이 바로 논자가 어떤 자유주의를 운위하는가에 대한 인식론적 반성이다.

역사적 맥락과 인식론적 이해를 종합해 보면 한국 자유주의의 이념지향과 실천양태가 매우 왜곡된 것이었다는 사실이 분명히 드러난다. 분단체제에 상설화된 이데올로기적 전투상황하에서 자유주의는 냉전 반공주의나 천민적 시장만능주의와 동일시되었다. 나아가 역대 군사독재정권 아래 승승장구한 보수 기득권 세력의 현상 정당화 논리로 악용된 것이 한국 자유주의 타락의 핵심이라고 할

1) 이런 맥락에서 나는 누적된 세계체제적 모순 때문에 우리가 '자유주의 이후' 단계에 진입했다는 월러스틴의 주장은 매우 성급한 것이라고 생각한다. I. 월러스틴, 『자유주의 이후』(당대, 1996), p.6.

수 있다. 그 결과 한국 자유주의는 기본권 보장이나 시민적 자율성, 그리고 법치나 공정한 시장경제와 같은 자유주의의 핵심적 가치들을 자유주의의 이름으로 오히려 훼손하거나 탄압하는 자기 모순에 빠졌다.

이렇듯 굴절된 자유주의가 비판적 지식인들에게 환영받지 못하는 운명에 처하게 된 것도 자연스러운 측면이 있는 것이다. 흥미로운 사실은 앞서 지적한 것처럼 한국 자유주의를 옹호하는 쪽이나 그것을 경멸하는 편 모두 우리 사회에서 실행되어 온 왜곡된 한국 자유주의를 빌미로 자유주의 일반을 극도로 단순화시키는 경향이 있다는 것이다. 나는 이를 자유주의의 풍요한 이론과 실천적 교훈의 역사를 경시하는 특유의 한국적 행태, 즉 '역사적 자유주의에 대한 반(反)자유주의적 독해'라고 명명하겠다.

타락한 한국 자유주의를 재생시키겠다는 한국판 신우파의 새로운 등장도 흥미 있는 현상이다. 그러나 이들은 정치공학의 과부하(過負荷) 때문에 민주적 시민권의 개선과 평등적 정의의 실현이라는 한국 자유주의의 주된 임무를 오히려 도외시하는 기묘한 행태를 보이고 있다. '자유주의연대' 등의 신우파 모임은 사실 역사가 꽤 된 자유주의적 시민단체, 즉 경실련이나 참여연대보다 저급하며 퇴행적인 보수적 자유주의관을 노정함으로써 현 단계에서 긴급히 요구되는 자유주의의 급진적 재구성에 암운을 드리우고 있는 것이다.

우리 지식인 사회에서 과대 대표되고 있는 진보라는 이름의 좌파적 자유주의관에도 치명적인 결함이 존재한다. 이들은 자유주의의 입체성과 복합성을 제대로 고려하지 못하는 근본주의적 역사관에 함몰됨으로써 시장과 시민권 사이의 변증법적(?) 길항관계를 단선적 적대관계로 환원시키는 경향이 있다. 그들 사이의 입지점도 매우 다양하지만 진보의 발원점에는 자유주의를 한갓된 부르주아 이데올로기로만 읽는 마르크스의 역사유물론이 놓여 있다.

마르크스주의를 비롯한 좌파적 기획, 그리고 마르크스로부터 비전이나 정치적 상상력을 제공받은 진보적 강령들이 그 현란한 아름다움에도 불구하고 실천적으로 실패할 수밖에 없는 가장 큰 이유는 이들이 자유주의의 이론과 실제의 위력을 제대로 이해하지 못하고 있다는 사실로부터 비롯된다. 터무니없이 위상이 부풀려진 한국의 낭만적 좌파나 진보 지식인들도 자유주의에 대한 몰이해라는 치명적 오류를 되풀이하고 있는 것처럼 보인다. 결론에서 다시 논의하겠지만 마르크스주의의 실패는 반(反)자유주의적 민주주의가 범하는 오류를 극적인 방식으로 상징한다.

우파적 자유주의 찬양과 좌파적 반자유주의라는 두 극단은 한국 사회의 일그러진 자화상이 빚어낸 사상적 쌍생아다. 둘 다 '인간의 얼굴을 한 자유주의'의 프로젝트를 구성하는 데 꼭 넘어야 하는 현실적 장벽이며 적인 것이다. 결론 부분에서 급진자유주의를 직접 논하기 전의 필수적 전제로서 비판적으로 분석하게 될 우파의 자유주의관과 좌파의 자유주의관은 각각 이념형적인 것으로서, 현실적으로는 예외나 변종이 많이 존재할 것이다. 그러나 나는 이 요약이 구체적 현실의 정수를 추출한 것이라고 생각한다.

급진자유주의의 정치철학은 철저히 실천 지향적이다. 자유주의 이론과 실제의 역사적 변용 형태와 시행착오를 긴밀히 고려하면서도 그것들이 오늘날 한국의 현실에서 갖는 의미를 중점적으로 성찰하고자 하는 것이다. 급진자유주의는 다양한 학술적 논전의 와중에서 자유주의에 대한 비판과 극복의 시도들을 최대한 열린 자세로 수용하면서 자유주의의 토대를 항속적(恒續的)으로 반성하고 부단한 자기 수정의 자세를 갖추고 있다는 의미에서 **급진적**이다. 또한 급진자유주의는 민주주의나 공화주의, 또는 마르크스주의나 공동체주의와의 접합 가능성에 인색해하지 않으면서도 그런 접합의 시도가 자유주의의 이론과 실제를 통해서만 실천적으로 유의미한 방식으로 가능하다고 믿는 점에서 **자유주의**인 것이다.

2. 우파적 자유주의관 비판

복합적이며 모순적인 자유주의의 중층적 지평은 모더니티를 추동한 자본주의와 시민권, 또는 사적 자율권과 공공적 자율권 이념 사이의 혼재와 갈등이 자유주의 그 자체의 발원(發源)과 행로와 서로 뗄 수 없이 결합되어 있다는 사실(史實)로부터 비롯된다. 우리는 이를 서로 동(同)근원적인 시장자본주의와 근대 민주주의 사이의 내재적 균열이라는 방식으로 개념화할 수도 있을 것이다.

오늘날 자유주의와 민주주의는 자유민주주의라는 이름으로 동일시된다. 그러나 자유주의와 민주주의는 그 역사적 연원과 지향이 서로 상이하다는 사실을 분명히 할 필요가 있다. 민주주의가 고대 그리스에서 비롯된 다수 민중의 자기 지배를 지향하는 이념이라는 사실은 잘 알려져 있다. 고대 그리스 폴리스에서의 민주정은 귀족정이나 과두정과 차별화되는 이념이었으나 현대인의 생각과는 달리 플라톤이나 아리스토텔레스 같은 당대의 주요 논자들이 보기에는 우중정치의 혐의를 받는 열등한 정체(政體)였다.

특히 지혜와 통치 능력을 겸비하고 있다고 자처하는 상류층이 볼 때 민주정은 다수의 빈민들이 자의적으로 맹동(盲動)하는 최악의 정체로 타락해 갈 수 있는 종류의 것이었다. 그러나 이런 본질적 문제점에도 불구하고 민주주의는 급진적 자기 규정 덕분에 항상 현상 타파적이고 체제혁신적인 특성을 동반한다. 이런 민주정의 특징은 특히 민중의 정치의식이 각성되기 시작한 근대 이후 수많은 혁명가들로 하여금 민주주의를 궁극적 이상으로 제창하게 만든다.[2)]

이에 비해 자유주의는 중세적 봉건체제와 절대왕정을 타파하기 위한 근대 유럽 시민계급의 저항에 수반된 이념이었다. 따라서 자유주의는 봉건적 구체제의 전면적 혁파를 목표로 삼아 신흥 유산계급의 이해관계를 정치적-사회경제적으로 담아내는 시민권과 사유재산권의 불가침성을 지도 이념으로 삼았다.[3)] 법의 지배나 입헌주의, 권력분립 같은 장치들은 부르주아적 시민권과 재산권을 효율적으로 지키기 위한 방편으로 제시되었으나 점차 그 계급적 성격을 탈색시키는 방향으로 진화한다.

애당초 혁명의 논리였던 자유주의는 근대 시민계급이 주류로 부상함에 따라 점차 현상유지의 논리로 변화해 간다. 그러나 산업자본주의의 성장과 함께 온 무산계급의 대대적 출현은 자유주의의 핵심 가치인 자유가 '빈곤과 기아의 자유'와 동일시되는 일대 위기상황을 초래한다. 이로써 근대 자유주의는 가장 혹심한 내적 모순에 봉착하게 된다. 다수 인민의 자기 지배를 요청하는 민주주의는 선거권의 점진적 확장과 함께 근대 자유주의의 대립물 비슷한 것으로 현현되었던 것이다.[4)] 민주주의의 자기 규정을 그대로 수용할 경우

---

2) 민주주의의 역사에 대한 개요는 A. 로젠베르크(박호성 옮김), 『유럽정치사』(역사비평사, 1990), pp.19-26.

3) *Ibid.*, p.245.

4) N. Bobbio, *Liberalism and Democracy*(London: Verso, 1990), p.2.

부르주아의 소유권에 대한 일정한 제한이 불가피했기 때문이다. 특히 초기의 자유주의자들이 보기에 다수 인민의 의지가 강제하는 소유권의 제한은 절대 권력에 의한 소유권 침해보다 더 위험할 수도 있는 '민주적 전제'의 가능성을 동반하는 것으로 이해되었다.[5)]

이렇듯 유산자의 논리였던 자유주의와 민중의 지배를 지향하는 민주주의가 어떻게 접합의 계기를 맞게 되었는가? 처음에 민주주의를 불온한 것으로 보던 자유주의자들은 시간이 흐름에 따라 자유주의의 모순을 극복하고 체제 안정을 도모하는 데 민주주의가 유용하게 쓰일 수 있다는 데 착안하게 된다. 특히 존 스튜어트 밀의 개혁적 자유주의는 수정자유주의로서의 자유민주주의를 정립시키는 데 큰 역할을 하게 되는 것이다. 그럼에도 불구하고 이질적 이념 사이의 접합인 자유민주주의의 내부적 균열은 오직 봉합되었을 뿐이지 본질적으로는 완전히 치유될 수는 없는 종류의 것이었다. 이러한 문제점은 차후 비자유주의적 민주주의의 딜레마에서 재연된다.

자유민주주의의 착근과 태생적으로 동행한 재산권과 시민권 사이에 교차되는 긴장은 로크로까지 소급된다. 그 후 오늘에 이르기까지 자유주의의 발전, 즉 근대 민주주의와의 접합, 사회주의로부터의 공격, 자유주의와 공동체주의 논쟁, 그리고 자유주의적 공화정 이념의 부활이라는 현상 밑바탕에 흐르는 큰 조류는 자유주의 이념과 실천 자체에 내재한 경제적 자유주의와 정치적 자유주의 사이의 본질적 긴장인 것이다. 이 요소들 가운데 어느 부분을 강조하

5) A. Arblaster, *The Rise and Decline of Western Liberalism*(Blackwell, 1984), p.264.

느냐에 따라 자유주의가 극단적 시장만능주의나 자유지상주의로부터 중도적 자유민주주의론, 나아가 강력한 사회정의론이나 공동체 자유주의, 사회민주주의 또는 좌파 자유주의로까지 분화될 수 있는 것이다.6)

따라서 자유주의에 대한 논쟁이 소기의 성과를 거두려면 논자가 어떤 자유주의를 염두에 두고 있는가를 분명히 할 필요가 있으며, 우리가 자유주의를 논할 때 가장 부족한 부분이 자유주의에 대한 이런 인식론적 반성이다. 여기서 우리는 이른바 한국 자유주의, 즉 우리 사회에서 운용되고 있는 자유주의의 지배적 형상을 어떻게 규정할 것인가의 문제에 부딪히게 된다. 뉴 라이트 운동이 상징하듯이 왜곡된 한국 자유주의의 적폐에 대한 반성이 심심치 않게 개진되면서 자유주의 진영의 스펙트럼도 점점 다기화되고 있는 것이 사실이다. 그러나 한국 자유주의 담론은 여전히 이사야 벌린이 정립한 '소극적 자유', 즉 강제와 외부적 간섭으로부터의 자유를 앞세운 고전적 자유관에 기울어져 있는 것처럼 생각된다.

벌린은 「자유의 두 개념」에서 소극적 자유를 홉스, 로크, 아담 스미스 등의 고전적 자유주의자들에 의해 논구된 진정한 자유주의

6) 자유주의의 사상적 스펙트럼을 개괄하는 국내의 표준적 해설서로는 노명식, 『자유주의의 원리와 역사』(민음사, 1991), 이근식, 『자유주의 사회경제사상』(한길사, 1999), 김비환, 『자유지상주의자들 자유주의자들 그리고 민주주의자들』(성대 출판부, 2005) 등을 들 수 있다. 또한 존스턴은 자유주의를 권리우선적 자유주의, 완전주의적 자유주의, 정치적 자유주의, 그리고 인간주의적 자유주의로 구분하고 있으며, 그레이는 자연권 자유주의, 칸트적 자유주의, 공리주의적 자유주의로 나누고 있다. D. Johnston, *The Idea of a Liberal Theory*(Princeton: Princeton University Press, 1994)와 J. Gray, *Liberalism*(Minneapolis: University of Minnesota Press, 1986) 참조.

적 자유로 보았다.[7] 이에 비해 그는 '적극적 자유' 이념이 궁극적으로 자유를 억압하는 결과를 초래할 가능성을 경계한 바 있다. 적극적 자유는 개인의 자기 실현, 또는 자기 지배를 강조하는 자유관으로서, 이 시각에서는 진짜 자아와 경험적 자아가 분별되면서 전자가 후자를 제대로 통어할 필요성이 강조된다.[8] 그런데 진정한 자아는 쉽게 공동체, 민족, 국가 같은 거대 자아의 일부분으로 통합되며, 개체적 자아가 거대 주체에 따름으로써 더욱 고차적인 자유를 누릴 수 있는 것으로 규정된다는 것이다.

소극적 자유 개념을 자유의 원형으로 보는 시각에서는 최소국가론과 자유시장경제에 대한 확신이 자연스럽게 도출된다. 소극적 자유론자들은 이런 믿음이 현대사회의 다원성과 민주성이라는 객관적 사실과 가장 잘 어울린다고 주장하는 것이다. 이런 문맥에서 한국 자유주의 담론의 압도적 우세종은 소극적 자유 개념과 경제적 자유주의의 이념에 의존한다고 할 수 있으며, 그 범례를 자유기업원의 강령에서 엿볼 수 있다. "자유주의라는 철학과 시장경제 원리"를 전파하는 것을 주요 임무로 삼고 있는 자유기업원은 원래 전경련이 1996년 설립한 자유기업센터를 개편, 독립시켜 1999년 출범한 '민간연구기관'이다.

자유기업원의 강령은 주류 한국 자유주의의 자화상을 투명한 형태로 집약하고 있다고 해도 과언이 아니다. 이들이 바람직한 자유민주주의 사회의 요건으로 생각하는 것은 크게 다섯 가지다. 첫째, 자유기업은 합법적인 방법으로 생산활동을 통해서 이윤을 창출하

7) I. Berlin, "Two Concepts of Liberty", *Four Essays on Liberty*(Oxford University Press, 1979), p.122.

8) *Ibid.*, p.134.

는 조직이다. 둘째, 자유시장경제 원리를 채택한 국가는 거대 정부와 공존할 수 없다. 셋째, 선택의 자유와 개인의 책임, 그리고 사유재산권을 보장하는 원칙하에서 시장경제 원리를 통해 경제문제를 해결해야 한다. 넷째, 사회복지와 평등에 대한 욕구가 경제적 자유를 간섭하고 재산권을 침해하는 법률로 입법화되고 있다. 다섯째, 자유사회는 법치와 폭력의 자제라는 원칙을 지켜야 한다. 이를 요약하면 "자유기업, 작은 정부, 자유와 개인의 확립, 법의 지배와 폭력의 자제"라는 원칙으로 압축될 수 있을 것이다.[9)]

이 논리는 크게 보아 시장에 대한 확신(맹신?), 이윤과 생산성 우선주의, 최소국가론, 인위적인 분배와 복지에 대한 회의, 법치를 통한 폭력의 극복과 관용 찬미 등으로 요약될 수 있을 터인데 여기서 우리는 자유기업원이 상징하는 한국 자유주의의 자화상이 소극적 자유 개념에 의해 인도되고 있으며, 사상사적으로 소박한 자유지상주의의 계보선 안에 편입된다는 사실을 알 수 있다. 그렇다면 자유지상주의의 비조로 간주되는 로크의 입론과 이를 비교함으로써 오늘의 시점에서 한국 자유주의의 주장이 정당화될 수 있는지 살펴보기로 하자.

로크의 자유주의는 "사람들이 국가를 형성하고 정부의 지배 아래 들어가는 가장 중요하고도 주된 목적은 스스로의 재산(property)을 지키는 데 있다"는 선언으로부터 출발한다.[10)] 여기서 재산이 생명과 자유, 그리고 사유재산을 포괄하는 개념으로 정의된다는 사실에 주목할 필요가 있다. 고전적 자유주의가 자유와 정의, 천부인권,

---

9) 자유기업원 홈페이지 참조(www.cfe.org).

10) J. Locke, *Second Treatise of Government*(Indianapolis: Hackett, 1980), p.66쪽.

동의에 의한 통치 등 보편적 설득력을 지닌 이념들을 내세웠지만 근본적으로 자기 소유권을 핵심으로 하는 유산자들의 이데올로기였다는 사실 자체를 부인할 수는 없다.

그러나 로크의 이론이 무제한의 사적 소유에 근거한 시장 절대주의를 정당화하는 이론으로만 독해되어서는 안 된다. 왜냐하면 그는 개인의 점유에 일정한 제한이 설정되어야 함을 확언하기 때문이다. '로크의 단서'(Lockean Provisio)로 알려진 이 제한조항은 인간이 타인을 위해 "충분히 그리고 양질의 것"을 남겨놓는 만큼만 자신의 노동을 매개로 한 가치 창출을 통해 점유할 수 있다고 선언한다.[11] 물론 로크는 과다한 가치 창출로 축적된 자연물의 부패 가능성에 의한 점유의 한계가, 썩지 않는 화폐의 출현에 의해 극복될 가능성을 시사함으로써 사적 소유권의 제한적 성격을 약화시키게 된다. 그러나 로크의 단서는 여전히 그의 소유이론의 시금석으로 남는다.

로크 소유이론의 중의성(重義性)은 그가 모든 사회적 관계를 시장논리로 환원시키는 시장절대주의에 대해 결고 친성하지 않았다는 데서 다시 한 번 여실히 드러난다. 신흥 유산계급의 이해관계를 정당화하면서도 동시에 로크는 자연권과 자연법의 타당성을 주장할 수 있는 이성적 전제, 즉 인간이 신 앞의 도덕적 주체이자 서로 평등한 권리의무 복합주체라는 원칙을 결코 포기하지 않았기 때문이다.[12] 자유주의의 행로를 근원적으로 규정짓는 자본주의적 재산

11) *Ibid.*, p.22.

12) 고전적 자유주의의 이념을 '소유적 개인주의'로 명명한 맥퍼슨은, 시장사회의 구조가 정치적 의무에 대한 타당한 이론을 더 이상 제공하지 못하는 오늘의 상황에서 현대 자유민주주의가 여일히 소유적 개인의 이념에 붙들려

권과 정치적 문맥에서의 불가침적 시민권 사이의 갈등은 이미 로크에 의해 예비된 것이다.[13)]

여기서 한국의 재벌을 정당화하려는 자유주의가 로크의 소유권 이론에 그대로 의존할 수는 없다는 사실이 분명히 드러난다. 바꿔 말하면 한국 자유주의가 신봉하는 시장절대주의, 공정하고 투명한 시장경제에 대한 강조나 최소국가론은 그들 자신이 리바이어던화해 온 현대사에 의해 오히려 반증된다. 제왕적 대통령제로 불리기도 하는 한국적 상황에서 현직 대통령조차 "권력이 이미 기업에 넘어갔다"고 토로하는 현실은, 재벌공화국의 독점적 지배가 로크의 단서와 정면으로 충돌함을 역설적인 방식으로 웅변하고 있다. 한마디로 한국재벌의 발달사는 정직한 노동과 노력을 강조하는 로크의 노동가치론을 희화화한다. 독재 권력과의 유착과 특혜, 구조화된 탈세와 부동산 투기 등으로 과대 성장한 재벌들은 이제 자신들을 키워 준 정부를 원격 조정하려는 수준까지 나가 있는 것이다.

법치와 폭력 자제, 관용에 대한 한국 자유주의의 강조도 재벌의 과대성장 자체가 역대 정권의 구조적 체제폭력에 의해서만 담보될 수 있었다는 기본적 사실을 은폐한다. 그리하여 생존권 확보에 매

있을 수밖에 없는 딜레마를 적시함으로써 로크의 유산을 비판하고 있다. C. B. Macpherson, *The Political Theory of Possessive Individualism*(Oxford: Oxford University Press, 1962), p.275. 그러나 로크의 입론은 재산권과 시민권 사이의 갈등을 굳이 감추지 않음으로써 오히려 맥퍼슨이 덮어 씌우는 '소유적 개인'의 그림을 뛰어넘는 효과를 낳는다고 할 수도 있다. 왜냐하면 로크에게는 소유적 개인주의의 한계를 넘어서는 공익과 공동선에 대한 고려가 엄존해 있기 때문이다.

13) C. H. Monson, Jr., "Locke and his Interpreters", *J. Locke: Critical Assesments*, vol. III, ed. by R. Ashcroft(London: RKP, 1991), p.25.

달려 있는 사회경제적 약자의 요구를 실정법적 준법성의 한계 안에 묶는 담론 효과를 창출하는 것이다. 한국 자유주의가 자신들과 상이한 의견에 대해 전통적으로 매우 억압적이고 폐쇄적인 태도를 유지해 왔다는 사실도 참고할 만하다.

한국 자유주의의 논리가 로크에 의존해서는 제대로 정당화되지 않는다는 사실이 밝혀졌으므로, 그 간 발생한 수백 년의 변화를 감안해 현대 자유지상주의자인 노직의 논리와 비교해 보자. 노직의 최소국가론적 소유이론은 대략 다음과 같이 정식화될 수 있다.[14] 첫째, 주인이 없는 사물을 올바른 취득의 원칙에 따라 획득한 사람은 그 사물을 소유할 권리를 가진다. 둘째, 어떤 사물에 대한 소유권을 가진 사람으로부터 그것을 올바른 이전의 원칙에 따라 물려받은 사람은 그 사물의 소유권을 가진다. 셋째, 이상의 두 원칙에 따라 갖게 된 사물 이외의 것에 대해서는 아무도 소유권을 가질 수 없다. 이것이 정의로운 사회에서의 소유권의 근원을 설명한 노직의 소유 권리론(the entitlement theory of justice)의 핵심이다.

노직은 정의사회는 국민 전체의 소유상태가 이 원칙에 부합하는 사회라고 주장한다. 흥미로운 것은, 한국재벌의 형성사나 오늘의 지배적 형태가 현대의 자유지상주의자 노직의 원리들과 정면으로 배치되는 경우가 비일비재라는 사실이다. 노직의 소유이론을 그대로 적용할 경우 한국사회의 소유구조를 거의 혁명적인 방식으로 뜯어 고쳐야 하는 임무를 국가가 지지 않으면 안 될 것이어서 최소국가론이 포기될 수밖에 없다. 경제적 자유주의를 그 무엇보다 앞세

14) R. Nozick, *Anarchy, State, and Utopia*(N.Y.: Basic Books, 1974), pp.151-152 참조.

우는 한국 자유주의의 행태는 극단적인 자유지상주의의 논리에 의해서도 결코 정당화되지 않는 것이다.

한국 자유주의가 경제적 차원에서 기형적이라는 사실이 충분히 논증되었으므로 이제 정치적 측면으로 초점을 돌려보자. 기본적 시민권은 자유주의가 양보할 수 없는 이념이며, 그 가운데서도 사상과 양심의 자유는 그 핵심 가운데 알맹이다. 그런데 한국 자유주의자들은 사상과 양심의 자유를 짓밟는 독소조항으로 가득 차 있는 국가보안법의 개폐 논의에 대해서도 뜨악한 반응을 감추지 않고 있다. '명백하고 현존하는' 위험을 야기하지 않는 내면적 사상의 자유조차 용인하지 않는 국가보안법의 정당성을 강변하면서 동시에 자유주의자라고 자처하는 것은 일종의 형용모순이며 내부적 파탄상태라고 할 수 있다. 그렇다면 자유주의를 파괴하는 이런 모순이 어떻게 한국 자유주의의 특징이 되었는가?

나는 그 열쇠를 전쟁과 분단의 구조가 강제한 반공규율 사회에서 발견할 수 있다고 본다. 자유주의 진영 안에 타의에 의해 편입된 한국은 세계사적 냉전구도의 첨단기지 역할을 맡을 수밖에 없었다. 대립하는 양 체제의 생사를 건 싸움 속에서 한반도는 냉전과 함께 열전을 겪었으며 그 결과로 구조화된 반공규율 체제는 유례를 찾기 어려울 정도로 엄혹한 방식으로 우리의 전 존재를 규정했다. 군사독재정권들의 억압과 이데올로기적 금제(禁制) 장치는 자유주의를 한갓된 진영논리 속의 체제정당화적 반공주의와 일체화시킨 것이다.

발전국가의 이데올로기적 국가기구는 정치적 자유주의의 핵심인 시민적 기본권을 거의 완전히 형해화시켰다. 언론, 출판, 결사, 집회의 자유, 법치제도, 권력분립, 입헌주의적 견제와 균형의 원리 같은 자유주의의 중핵적 덕목들이 자유주의(실제로는 냉전반공주의) 자신의 이름으로 무참히 유린된 것이다. 냉전반공주의로 타락한 한국 자유주의는 자유주의에 고유한 가치와 윤리들도 함께 망실해 버리고 말았다. 그 결과 한국 자유주의는 권력과 금력을 독점한 자들의 책략적 기회주의나 출세 논리와 동일시되고 만 것이다.

그러나 냉전반공주의와 자유주의의 기형적 연계가 한국에서만 발생한 것이 아니라는 사실은 첨언해 둘 필요가 있다. 1945년 자유주의가 우리에게 수입품으로 주어졌을 때 그것은 이미 세계사적인 냉전의 포로였던 것이다. 파시즘의 패퇴 이후 유일한 전체주의로 표상된 공산주의는 자유주의의 최대 적으로 설정되었다.[15] 공산주의와 싸우는 전사(戰士)로서의 냉전자유주의가 자유주의의 많은 합리적 핵심들을 배반하는 형태로 실행되었음이 물론이다. 가장 악명 높은 사례는 1940년대 후반부터 1950년대 중반까지 미국을 휩쓸었던 매카시즘의 광풍이었다. 그러나 한국 자유주의의 굴절과 왜곡은 냉전체제 안에서도 그 강도와 정도가 가장 극악한 것이었으며, 오늘날까지도 한국인의 정치적 정체성과 상상력을 피폐하게 만들고 있는 것이다.

이런 상황에서도 절차적 민주주의가 진전되어 감에 따라 수구적 한국 자유주의에 대한 반성도 자연스럽게 제기되었다. 자유주의에 대한 이념적 자기 성찰을 감당할 능력과 비전을 갖추지 못했던 보수 일색의 제도정치권 외부에서 한국 자유주의의 개혁과 수정을 위한 중요한 노력들이 주로 전개되었다는 것은 우리 사회의 취약성과 강점을 동시에 증거해 준다. 이 가운데서도 시민사회의 힘과 역동

---

15) A. Arblaster, *The Rise and Decline of Western Liberalism*, p.309.

성은 놀랄 만한 것이어서 민주화를 이끄는 주요 견인차 역할을 담당했다. 시민들은 결정적인 순간에 여러 번 적극적으로 개입하여 민주주의를 비약시키고 한국 자유주의의 전향적 변화를 강제한 주체였던 것이다. 이런 자유주의적 시민사회의 성장은 한편으로 경실련이나 참여연대 등의 출범에 의해 의미심장한 전환을 경험하게 된다.

그렇다면 "낡은 수구 좌파와 수구 우파가 주도하는 정치"를 끝장내고 "한국적 현실에 맞는 21세기형 자유주의"를 건설한다며 2004년 말 출범한 '자유주의연대' 등의 뉴 라이트 운동을 어떻게 평가해야 할 것인가?16) 수구 우파가 독점하다시피 한 한국 자유주의 담론의 창신(創新)을 외친다는 점에서 이들의 문제제기에 의미가 없는 것은 아니다. 그러나 자유주의연대의 자유주의적 문제설정은 1989년 출발한 경실련이나 1994년 설립된 참여연대 등의 자유주의관보다 훨씬 오른쪽으로 기울어져 있으며 매우 조야(粗野)하다는 약점을 가지고 있다. 중도적 자유민주주의나 사안에 따라 정의지향적 자유주의관까지 피력하는 양대 시민단체의 지향에 비추어 보면 자유주의연대의 자유관은 경제적 자유주의의 소극적 자유 이해를 신자유주의적 상황에 맞추어 조합한 것에 지나지 않는다.

이들의 실천적 테제라고도 할 수 있을 「자유주의자의 길」이 이를 입증한다.17) 10개의 명제 가운데 경제노선을 천명하는 '작은 정부-큰 시장', '자유무역협정을 통한 열린 통상대국 건설', '빈부격차의 해소가 아니라 빈곤의 해소'를 지향한다는 명제들은 분명한 신자유주의의 길에 대한 지향이다. 지금 한국의 현실에서 균형감각과

16) 자유주의연대 홈페이지(www.486.or.kr), 창립선언문.

17) 자유주의연대 홈페이지 참조.

비전을 갖춘 개혁 지향적 자유주의 담론이라면 반드시 포함해야 할 분배정의의 중요성에 대한 인식 자체가 부재한 것이다. 자유주의를 강건(剛健)하게 할 민주적 평등의 정신도 "모든 특권을 철폐하며 만민에게 기회의 평등을 보장한다"는 극히 막연한 수사로 그치고 있는 것이다. 그러나 경제정의가 없는 상황에서 어떻게 기회균등이 가능하며, 특권의 폐지가 어떻게 이루어질 수 있는지에 대해서 이들은 침묵하고 있을 뿐이다.

자유주의연대의 또 다른 퇴행성은 참여의 증진을 통한 민주적 시민권의 확장에 대해 적극적 비전을 결여하고 있다는 데서 발견된다. 이 부분은 경제정의에 대한 그들의 취약한 감수성의 자연스러운 귀결이기도 하다. 그 결과 북한 민주화의 화급성에 대한 이들의 정당한 강조조차 국내 정치용 선전에 불과하다는 혐의를 받게 되는 것이다. 자유주의연대가 노정하고 있는 자유주의 이론의 빈곤은 국내 정치의 한 주체로 단기간에 우뚝 서고자 하는 이들의 정치적 욕망의 과잉상태와 기묘한 방식으로 동행한다. 결국 한국의 뉴 라이드 운동에는 자유주의를 전향적으로 개량해 재구성하겠다는 차분한 노력보다는 낡아버린 한국 자유주의 담론을 다시 치장해 사회정치적 세력으로 새로이 출발하고자 하는 전략적 선택이 노골적으로 앞서고 있는 것이다.

3. 좌파적 자유주의관에 대한 비판

냉전반공주의와 천민자본주의의 기괴한 복합체로 형상화된 한국 자유주의의 초상은 한국인에게 씻을 수 없는 상흔을 남겼다. 그 결과 민주적이고 정의로운 사회를 지향하는 시도들은 일단 자유주의를 경원시하게 된다. 극단적인 경우 자유주의는 이상사회의 반면교사(反面教師) 같은 것이어서, 좋은 사회는 자유주의와는 전혀 다른 그 무엇이라는 생각으로 인도되었다. 1980년대 이후 한국사회를 휩쓸었고, 오늘날까지 큰 영향력을 행사하고 있는 정치적-경제적 상상력의 가장 큰 부분은 이렇듯 반(反)자유주의적이거나 비(非)자유주의적인 것이었다. 특히 지식인 사회에서 자유주의가 홀대되는 가장 큰 이유는 이런 연원을 갖는다.

그러나 자유주의 경시의 역사적 배경을 이해한다는 것과, 자유주의 일반에 대한 능멸이 과연 정당한가의 문제는 서로 분리되어야 한다. 우파적 한국 자유주의관이 불구의 것인 것처럼, 진보세력이나 좌파의 자유주의 이해도 균형감각과 현실감을 크게 상실하고 있기 때문이다. 나는 그 근본 원인을, 마르크스주의의 비전이 한국 진보의 학문적 상상력을 테두리 짓는 가장 큰 규정요인이라는 사실에서 발견할 수 있다고 생각한다.

냉전반공주의의 압력이 크게 희석된 2005년의 공론장에서도 한국 진보세력과 마르크스주의 사이의 연계는 '공공연한 비밀'로 남아 있다. 역대 군사독재정권의 자발적 매춘부가 되어 버린 한국 자유주의에 대한 반동으로 형성된 1980년 이후의 진보운동의 본질은 '혁명의 시대'로 정의된다. 그것은 바로 냉전반공주의와 천민자본주의에 다름 아닌 한국 자유주의를 타파하려는 혁명의 시도였던 것이다. 이해영은 "80년대에 변혁을 꿈꾸며 투쟁했던 모든 이는 로베스삐에르였고, … 80년대 한국의 로베스삐에르의 영혼을 만들어낸 이로, 나는 마르크스/엥겔스와 레닌 그리고 김일성을 지목한다"고 단언한다.[18)]

학단협 대표와 민교협 공동의장을 지내고 진보학계의 사표로 여겨지는 김진균은 20세기 한국 사회과학을 반성하는 자리에서 민족국가 형성과 자본주의의 문제를 20세기 한국사를 규정하는 두 축으로 본다. 이런 문맥에서 마르크스주의는 두 가지 역사적 의의를 지녔는데 이론적으로 역사유물론의 합법칙성이 인식되었다는 사실이고, 실천적으로는 계급해방과 민족해방을 결합시키는 추진력이 되었다는 것이다. 그의 말을 직접 들어보면, "마르크스주의는 한국자본주의의 성격을 밝히고, 모순의 지점을 지적해 내고, 변혁의 과제를 제기하는 데 다른 어떤 사회과학적 방법론보다 기선력을 제공하였다. 그리하여 … 민중 지향적 학문과 실천운동을 발흥시켰다"는 것이다.[19]

범(汎)진보진영의 학술적 역량을 총결집시켰다 해서 출범 당시 큰 관심을 모은『진보평론』의 지향은 더 선명하다.「발간모임 결성선언문」에서 그들은 진보진영의 근본 과제를, 계급적대를 유일한 보편적 적대로 간주하는 변혁이론의 한계를 벗어나려 하지만, 동시에 자신들의 이론의 정박지는 노동착취와 관련된 착취임을 분명히 하고 있기 때문이다.[20] 나아가 이 학술지의 편집위원장은 "진보를 위한 이론적-실천적 작업과 마르크스주의와의 관계에 대한 질문을 진보를 위한 장정의 출발점으로 삼"겠다고 선언하고 있는 것이다.[21]

---

18) 이해영 편,『1980년대: 혁명의 시대』(새로운 세상, 1999), p.29.

19) 김진균,「해방 이후 한국 사회과학: 비판과 과제」,『한국의 사회현실과 학문의 과제』(문화과학사, 1997), p.148.

20)『진보평론』창간호(1999년 가을), pp.9-10.

21) 김세균,「편집자의 글」,『진보평론』 창간호, p.5.

진보진영이 이처럼 마르크스주의를 그 비전의 원점이자 종착점으로 설정하고 있기 때문에 이들의 자유주의 이해도 철저히 마르크스주의적이라 할 수 있다. 따라서 나는 마르크스주의의 자유주의 이해가 갖는 문제점과 일면성을 정면에서 거론함으로써 한국 진보의 자유주의관을 동시에 논파하는 정공법을 택하고자 한다. 왜냐하면 이들은 마르크스주의의 표준적 공식을 충실히 따르면서 조금씩 변용시키고 있는 데 지나지 않기 때문이다.[22)]

일반적으로 마르크스주의는 자유주의를 부르주아의 계급독재를 관철하는 이데올로기적 장치로 간주하며, 근대 시민권을 담보하는 여러 민주주의적 제도들도 이런 부르주아 독재에 봉사하는 도구로 여긴다. 국가와 시민사회의 분리라는 자유주의적 모더니티의 불가역전의 업적도 마르크스주의의 관점에서는 근대인이 인간 존재의 보편적 내용으로부터 소외되었다는 증거로 읽히는 것이다. 역사적으로 보면 시장경제를 축으로 한 사적 이익의 체계로 조직된 시민사회와, 주권적 일반이익의 구현체로서 강제력을 독점한 국가의 분리는 시민권과 자유의 이념을 최초로 정초케 만들었다. 고전적 자유주의자들이 맨 처음 포착한 이 같은 사실을 헤겔이 국가-시민사회 개념의 고전적 정식화에 성공함으로써 체계화시킨다.

그러나 마르크스는 국가와 시민사회의 분리를 가장 과격한 방식

---

22) 나는 여기서 마르크스주의와 함께 진보적 민중민주운동 진영의 다른 축을 구성하고 있는 주체사상에 대한 언급을 의도적으로 피했다. 주체사상의 실천적 중요성과 주체사상파의 현실적 강세에도 불구하고 그 이론의 본원적 빈곤성이 철학적 논의 자체를 무의미하게 하는 측면을 감안했으며 또 주체사상이 마르크스주의의 퇴행적 변종에 불과하다는 판단 때문이다. 주체사상 일반에 대한 나의 비판적 평가로는 「자유민주주의와 주체사회주의의 변증법적 종합(?)」, 『논쟁과 담론』(생각의 나무, 2001), pp.288-299 참조.

으로 해체한다. 마르크스가 보기에 국가는 시민사회로부터 외양으로만 독립되어 있는 까닭에, "현대의 국가권력은 전체 부르주아의 공동업무를 관장하는 위원회에 불과하다"는 것이다.[23] 마르크스가 국가-시민사회의 분리라는 모더니티의 정식을 오히려 타락과 부패의 원흉으로 간주하는 이유는 너무나 분명하다. "정치국가의 발전 형태 속에서 인간은 … 스스로를 **공동존재**로 간주하는 **정치적 공동체**에서의 삶과, **사적 개인**으로서 행위하면서 자신이나 남을 수단으로 격하시키고 낯선 힘의 포로가 되어 버리는 **시민사회** 속의 삶이라는 이중적 형태로 분열"되기 때문이다.[24] 여기서 마르크스가 정치적 공동체는 공동존재를 창출하는 데 비해 시민사회는 사적 개인을 낳는다는 사실에 주목하면서, 전자를 긍정적으로 그리고 후자를 부정적인 것으로 간주하고 있다는 사실이 선명히 드러난다.

사회성원들의 일반의지를 형상화하며, 특수성과 보편성의 통합체라고 헤겔에 의해 논변된 국가는 사실 부르주아 계급의 배타적 이익을 보장하는 계급국가이다. 자유주의적 국가는 시민사회의 포로이며 환영(幻影)에 지나지 않는 것이다. 따라서 마르크스는 헤겔의 국가론을 통렬히 비판하면서, 국가는 물질적 현실의 합리화이며 전도된 현실의 신비화라고 맹공하는 것이다. 나아가 개인주의에 입각한 근대 시민사회가 사회적 존재인 인간 존재를 파괴하므로 전도된 현실인 국가/시민사회 분리를 지양하고 사회화된 인간의 모델을 회

23) K. Marx and F. Engels, "Manifesto of Communist Party", in *Marx and Engels, Collected Works*(이하 *MECW*로 표기), 제6권(Progress, 1972), p.486.

24) K. Marx, "On the Jewish Question", in *MECW*, 제3권, p.154(고딕체는 원문).

복해야 한다는 것이다. 위에서 인용한 것같이 마르크스는 그런 모델을 '공동존재'(Gemeinwesen, the communal being)라 부르고, 정체(政體)와 개인을 동시에 지칭한다.

시민사회의 출현으로 초래된 원자화와 소외가 극복되고 개인과 사회가 모두 공동존재성을 획득하는 상황을 마르크스는 '진정한 민주주의' 또는 '공산주의'라 부른다. 여기서 중요한 점은 "민주주의만이 특수자와 보편자의 참된 합일인 것이다. … 그리고 진정한 민주주의에서는 **정치적 국가가 지양된다**"는 사실이다.[25] 동시에 참된 민주주의에서는 분화된 사적 영역으로서의 시민사회도 함께 사라져야 한다. 이를 그는 "**추상적인 정치국가** 내의 선거개혁은 **국가의 지양**뿐만 아니라 **시민사회의 지양**도 요구한다"라고 표현한다.[26]

마르크스가 자유주의를 도저히 받아들일 수 없는 근본적 이유는, 진정한 민주주의인 공산주의가 부르주아적 맥락에서의 국가나 시민사회와 양립할 수 없기 때문이다. 자유주의를 근원적으로 출범시킨 사유재산권, 그리고 국가/시민사회의 분리를 둘 다 거부하는 마르크스의 명제는 『헤겔 법철학비판』에 이처럼 명징하게 제시되어 있으므로 아비네리의 "『공산당선언』이 『헤겔 법철학비판』에 내재해 있다"는 평언은 설득력이 있는 것이다.[27] 결론적으로 마르크스의 자유주의 비판은 부르주아적 국가와 시민사회를 동시에 지양해야 한다는 근본주의적 선언으로 귀결된다. 그 결과 마르크스주의

---

25) K. Marx, "Contribution to the Critique of Hegel's Philosophy of Law", in *MECW*, 제3권, p.30(고딕체는 원문).

26) *Ibid.*, p.121(고딕체는 원문).

27) Avineri, *The Social and Political Thought of K. Marx*(Cambridge University Press, 1968), p.34.

이론사에서 도구주의적 국가관과 소외의 원형으로서의 시민사회론이 표준적 테제로 자리 잡게 된다.

자유주의와 마르크스주의의 대결에서 가장 중요한 논쟁점은 시민사회에 대한 이해이다. 마르크스는 헤겔의 정의를 좇아 시민사회를 "일정한 발전 단계에 있는 물적 교류의 총체"로 독해한다. 그러나 이 과정 속에서 마르크스는 헤겔이 복합적이고 역동적으로 이해한 시민사회 개념을 단순화해서 경제 환원론적으로 해석한다. 물적 이해관계를 나타내는 부르주아 사회(bourgeois society)와, 공민으로서의 국민이 국가에 대한 권리-의무관계에 놓여 있다는 맥락을 강조하는 시민사회(civil society) 개념을 중층적으로 담고 있는 헤겔의 시민사회관을 마르크스가 부르주아 사회로 편협하게 축소하고 있는 것이다. 그 결과 헤겔적 시민사회 개념에 내재한 계몽의 차원이 사상된 채 홉스적인 전쟁상태로 요약되는 '욕망의 체계'만이 부각된다.

헤겔의 시민사회론을 평가하는 데 있어 마르크스의 치명적인 오류는, 헤겔의 시민사회 안에 내재한 모순적 성격과 공존하는 보편적 성격을 간과했다는 데 있다. 근대 국민경제학의 성과를 대폭 수용한 헤겔은 시민사회를 추동하는 '욕망과 충족의 논리'에 일차적으로 주목했고 그 논리가 야기하는 모순에 대해서도 분명한 자의식을 가지고 있었다. 자유주의적 시민사회 안에 구조화된 빈곤과 과잉생산, 실업, 천민의 존재, 해외식민지 개척 등에 관한 헤겔의 논술은 이를 입증한다. 그러나 헤겔은 시민사회의 마지막 계기로서 "[욕망의] 체계 속에 상존하는 우연성에 대해 배려하는 가운데 경찰복지 행정(Polizei)과 직업단체(Korporation)를 통해 특수이익을 공동이익으로 승화시킬 수 있는" 메커니즘에 주목한다.28) 바꿔 말하면 근대 시민사회는 마르크스의 지적처럼 착취와 소외의 무대이기도 하지만, 또한 시민들의 계몽과 교화, 해방을 위한 불가결의 장소로서도 기능한다는 것이다. 이에 대한 헤겔의 논의는 대의제도와 여론의 기능, 그리고 직업단체의 역할에 주목하며, 오늘날 다시 부흥의 계기를 맞고 있는 시민사회론의 통찰을 이미 선취하고 있다.[29] 이런 맥락에서 나는 마르크스의 정치철학이 헤겔의 그것을 극복했다는 마르크스주의자들의 평가를 받아들이지 않는다.

시민사회를 부르주아가 독점적 권력을 행사하는 배타적 계급지배의 공간으로 그림으로써 마르크스는 시장경제와 비슷한 시기에 출발했지만 경제 논리로 환원될 수 없는 공적 공간의 제도화와 공론의 매개 역할을 간과하게 된다. 이는 국가-시민사회에 대한 마르크스의 분석이 후기로 들어서면서 자본주의 생산양식론에 의해 대치되는 것과 그 궤를 같이 한다. 그 결과 마르크스는 생산조직 외에 자율적인 여러 결사체, 중간집단, 교육기관, 가족제도 등에 혼재해 있는 자유주의적 시민사회의 역동적이고 민주적인 의미를 제대로 포착할 수 없었다.

마르크스의 이런 결함은 마르크스주의의 고질병이었던 경제력주

---

28) G. W. F. Hegel, *Grundlinien der Philosophie des Rechts*, &188, Werke in zwanzig Banden, 제7권(Suhrkamp, 1970), p.346.

29) 자본주의적 경제의 차원과 민주주의적 시민사회의 지평을 함께 포괄하고 있는 헤겔의 시민사회관의 모호성을 극복하기 위해 오늘의 시민사회론자들은 헤겔의 시민사회를 경제와 시민사회의 두 층위로 나눈다. 그 결과 국가 - 시민사회 - 경제의 3분법이 탄생한다. 이런 3분법의 기초 위에서 현대정치이론을 구상하고 있는 포괄적 시도로는 다음의 책이 대표적이다. J. Cohen and A. Arato, *Civil Society and Political Theory*(MIT Press, 1992), 특히 pp.29-82 참조.

의와 생산력주의로 바로 이어진다. 최소한 마르크스와 엥겔스 자신은 자신들의 주장이 그렇게 편협하게 독해될 수 있는 여지를 갖고 있다는 사실을 인식하고 있었으며 그것을 경계했다. 그러나 이런 배려에도 불구하고 정치경제학 비판의 동력이 경제주의적 편향의 요소를 본질적으로 담고 있다는 의심을 불식시키기는 쉽지 않다. 마르크스 국가론과 정치학의 부재와 공백의 근본 원인은 여기에 있다. 또한 국가와 시민사회의 동시적 지양이라는 그의 강령은 유토피아적 근본주의의 색채를 다분히 담고 있는 것이다. 물론 이런 비판이 마르크스 자신의 논술 안에 부분적으로 내재한 반근본주의의 존재 자체를 부인하는 것은 아니며, 마르크스 자신과 경학화(經學化)된 마르크스주의 사이의 차이에 주목해야 할 필요성을 거부하는 것도 아니다.

그러나 핵심적 부분에서 마르크스를 계승하는 정통 마르크스주의의 근본 강령은 PT 독재와 생산수단의 사회적 소유라는 정식으로 귀결되었고 이는 전위당의 PT에 대한 독재와 국가소유제로 낙착되었다. 마르크스의 아름다운 민주주의론이 역설적으로 민주주의의 꿈을 배반한 가장 큰 이유는 시민사회의 복합성과 역동성에서 집중적으로 발현되는 자유주의의 전향적 계기들을 그가 무시했기 때문이다. 즉 자유주의가 창출한 부르주아 민주주의가 모든 형태의 민주주의로 전진하기 위한 필수적 매개 항이라는 사실을 간과했기 때문이다.

국가와 시민사회가 모순적 접합과 길항 관계에 놓여 있다는 현실을 무시하고 자유주의적 제도들이 모두 부르주아의 계급이해에 복무한다고 보는 정통 마르크스주의로의 이행은 이 지점에서 이미 예비된 것이다. 이런 시각은 시민사회의 성장을 통한 자유민주주의의 확산이 부르주아의 계급지배를 제어하기도 한다는 사실을 제대로 보지 못한다. 자유민주주의적 시민사회 안에 넓게 편재되어 있는 모순과 갈등 관계를 단일 원리로 부단히 축소함으로써 마르크스주의는 오늘날 양산되는 다양한 사회운동의 성장을 설명하지 못하고, 근본주의적 계급혁명에 대한 과도한 집착 때문에 마르크스주의적 실천철학이 현실적으로는 대기주의로 흐르거나 거의 무력화되는 결과를 낳게 되는 것이다.

모더니티를 추동한 자본주의와 시민권은 둘 다 자유주의와 동(同)근원적이다. 마르크스주의는 자본주의적 시장경제와 근대 민주주의의 긴장적 교차 관계에서 전자의 부정적 측면만 부풀렸으며 한국의 진보진영도 그런 경향성을 불식시키지 못했다. 민주적 시민권을 신장시킨 자유주의의 성과가 무시되고, 시장경제에 고유한 자생적 질서와 혁신성이 송두리째 거부된 것이다. 그 결과는 이론적으로나 실천적으로 모두 참혹한 것이었으나 한국의 진보진영이 마르크스주의 실패의 교훈을 제대로 학습했는지의 여부는 여전히 불확실한 채 남아 있다.30)

---

30) 한국 진보학계의 최대 성과로 간주되는 '사회구성체 논쟁'은 마르크스주의의 영향을 거울처럼 선명하게 보여준다. 일반적으로 민족해방진영(NL)과 민중민주진영(PD)이 대립해서 거미줄처럼 분화되어 간 이 논쟁에서 마르크스주의는 주체사상과 함께 양대 지도 이념이었다. 앞서 언급한 것처럼 주체사상의 빈곤성과 비철학적 성격이라는 한계 때문에 이론의 차원에서는 민중민주진영이 압도했다고 할 수 있는 이 논쟁에서 두 진영 모두 독점 강화, 종속 심화, 파시즘 강화 테제의 도식성과 자기 순환성이라는 굴레에서 자유롭지 못했다. 매우 흥미로운 사실은 이 '사회과학' 논쟁이 고도의 사변적 지평 위에서 전개되었으며 연역 추론의 형태를 즐겨 구사했다는 점이다. 박현채 · 조희연 편, 『한국사회구성체 논쟁』(죽산, 1989). 이후 논쟁집은 4권까지 출판되었다. 이 논쟁은 오늘의 진보진영에 의해서도 완전히 폐기되

4. 급진자유주의의 정치철학

1) 시장과 자생적 질서

수구 우파적 자유주의 찬양과 극좌적 자유주의 비판의 양 극단은 균형 잡힌 자유주의의 최대 적이다. 극단적이라는 이유 때문에 둘 모두 자유주의를 둘러싼 이성적 논쟁의 전면에서 퇴각하고 있는 것처럼 보일지 모르지만 그것은 겉모습에 불과하다. 점차 통합되어 가고 있는 이념적 지형의 배후에서 그들은 아직도 막강한 영향력을 행사하고 있다. 그 결과, 깨어 있고 성숙한 자유주의적 기획이 정말로 절실히 요구되고 긴급히 필요한 한국사회의 현장에서 자유주의는 아직 제대로 된 대접을 받지 못하고 있는 것이다. 급진자유주의의 정치철학은 이런 공백을 메우기 위해서 기획되었다.

급진자유주의는 시장자본주의와 민주주의가 동행한다고 믿는다. 양자가 동근원적이며, 나아가 사적 자율성과 공공적 자율성이 상호의존적이고 상호침투적이라는 사실을 기본 전제로 인정한다. 급진자유주의는 두 가치가 비슷한 시기에 발원했지만 그 지향성이 상이

거나 극복되었다기보다 슬그머니 뒷전으로 퇴각하였다.

핵심 입론이 논파될 위기에 직면할 때 그것을 흔쾌히 인정하지 않고 수많은 보조가설을 동원해 빠져나가는 것을 포퍼는 사이비과학의 주된 증거라고 비판하면서 마르크스주의를 그 실례의 하나로 드는데 우리가 포퍼의 인식론에 동의하든 그렇지 않든 간에 이는 매우 흥미로운 관찰이 아닐 수 없다. 포퍼의 표현을 빌리자면, 역사유물론은 원천적으로 '반증'이 불가능하게 짜여 있는 것이다. 마르크스주의에 대한 포퍼의 논쟁적 분석으로는 K. Popper, *The Open Society and Its Enemies*, vol. 2(London: RKP, 1945), 그리고 과학과 비(非)과학의 '구획기준'으로서의 반증원리에 대해서는 그의 *Conjectures and Refutations*(N.Y.: Harper and Row, 1963), p.37 참조.

하다는 사실을 승인하며 로크에게로까지 소급되는 자유주의의 이중성을 그대로 받아들이면서 그것으로부터 야기되는 갈등과 진통을 관리하려 노력한다. 재산권과 시민권 사이의 본질적 긴장을 어느 한 편의 손을 일방적으로 들어주면서 인위적으로 해소시키는 것은 더 심각한 부작용을 양산할 것이기 때문이다.

따라서 급진자유주의는 민주적 시민권의 원리가 시장논리로 환원되는 것에 반대한다. 특히 사회 속의 인간 존재가 화폐의 추상성에 의해 전일적으로 규정되는 현상을 통렬히 규탄하며, 신자유주의적 세계화의 부정적 함축을 우려한다. 급진자유주의는 이윤 동기에 의해 견인되는 경제적 사고를 정치 영역으로 그대로 이월시키려는 시도에 저항한다. 급진자유주의는 또한 경제적 자유주의의 공동체에 대한 감수성의 결여를 걱정스러운 눈길로 바라본다.

사적 자율성이나 시장의 논리로 사회의 모든 영역을 정의하는 시각에 반대하는 급진자유주의지만 시장의 동역학 자체가 모더니티의 자생적 질서를 창출하는 차원에 대해서는 깊은 관심을 갖는다. 이는 소박하게 설정된 '보이지 않는 손'의 역할을 액면 그대로 수긍하는 태도는 아니다. 다만 시장 고유의 복합적이고 역동적인 활력이 현대적 삶에 필수적인, "인간 행동의 결과이기는 하지만, 인간의 설계의 결과는 아닌" '자생적 질서'로 이어지는 동역학의 중요성에 대한 착목인 것이다.[31)]

각자의 자발적이고 통제되지 않은 노력이 경제활동의 복잡한 질서를 만들고, 궁극적으로 근대 특유의 현상인 '큰 사회'를 창출하는

---

31) F. A. von Hayek, *Law, Legislation, and Liberty*, vol. 1(London: RKP, 1973), p.20.

과정이 현대의 민주주의에 필수적인 자율성과 활동성의 토대로 작동한다는 통찰을 중시한다는 것이다. 마르크스 자신도 찬탄한 바 있는 자본주의 사회구성체의 놀라운 생산력의 비밀은 단순한 물적 차원에만 국한해 해명될 수 없다.

그것은 진화론적인 '암묵지'(tacit knowledge)의 축적과 순환에 기초한 자생적 질서와 '자유의 법'과 연계되어야만 제대로 설명될 수 있기 때문이다. 따라서 교환가치에 입각한 시장은 인간 소외의 원흉이자 생산력과 이윤 극대화를 위한 단순한 도구로 폄하될 수 없으며 그 자체의 전향적 가치를 갖는다는 것이 급진자유주의의 믿음이다. 구성주의적 합리주의의 전형인 사회주의와 마르크스주의는 설계될 수 없는 시장 고유의 의의에 대한 몰이해 때문에 '치명적 자만'에 빠질 수밖에 없었던 것이다.[32)]

2) 개체와 공동체의 변증법: 내면성과 '정치적인 것'의 복원

급진자유주의는 "하나는 전체를 위해, 전체는 하나를 위해"라는 이상주의적 정치 수사학의 상투성에 반대한다. 급진자유주의는 모든 개혁과 진보가 개인으로부터 시작해서 궁극적으로 개인에게로 귀결된다는 개체성의 원리를 주창하지만 이 원리가 방법론적 개체주의의 도식화나 실체적 원자의 이념으로 결빙(結氷)되는 것에는 동의하지 않는다. 바람직한 사회는 근원적으로 그 안에서 개인이 행복하고 독립적이며 성숙한 삶을 영위할 수 있는 사회이다. 개체

---

32) Hayek, *The Fatal Conceit: The Error of Socialism*(London: RKP, 1988), p.69.

형성과 관련된 내면의 성숙과 마음의 깊이는 급진자유주의가 특히 강조하는 부분이다. 이는 대중문화의 힘이 갈수록 커지는 대중사회의 공허함과 공소함에 대한 응전의 한 방식이기도 하다.

주관적 마음자리의 형성은 상호주관적 정치세계로의 진입과 분리될 수 없다. 내면성의 덕목은 고립된 현자를 요구하지 않으며, 독립적이고 자율적인 마음의 깊이는 정치의 지평과 교류되어야 한다. 내면성에의 천착은 유미주의나 정치적 초월주의에 대한 면역력을 가져야만 건강성과 유의미함을 담보할 수 있는 것이다. 내면적인 깊이와 '정치적인 것'에 대한 감수성을 아울러 지닌 개인의 존재는 한국사회에서 항상 희소했으며 민주화 이후 민주주의의 시대라는 오늘날에도 사정은 그리 변하지 않았다. 이런 맥락에서의 개인의 형성은 급진자유주의의 한 주요한 목표이며, 그 목표가 우리 사회에서 갖는 긴박한 중요성이 날로 커지고 있다.

소극적 자유 이념의 합리적 핵심을 수용하면서도 급진자유주의는 동시에 적극적 자유 이념의 중요성을 강조한다. 급진자유주의는 소유적 개인이나 원자론적 실체로 규탄된 자유주의적 개인의 존재론적 부담을 인정하지 않으면서 시민의 공민화, 즉 공화주의적 재구성을 지향한다. 공동체주의자들이 자유주의를 비판할 때 즐겨 원용하는 '아무 것에도 얽매이지 않는 자아'나 '유령 같은 실체적 자아'의 개념들은 자유주의가 탄생한 역사적이고 문화적인 맥락을 무시한 '허수아비 공격'의 전형적 사례이다.

급진자유주의 강령은 재구성된 공화정의 이념을 열린 자세로 수용한다. 갈수록 형해화되고 있는 민주공화정의 이념을, 민주적 시민 형성이라는 자기 계발과 참여의 훈련을 통해 되살리고자 하는 것이다. 물론 이러한 사회적 실천은 고전적 공화정의 배타성과 엘

리트주의를 극복해 다원주의적이고 민주적인 풀뿌리 정치로 대체한다는 전제를 충족시켜야 한다. 급진자유주의는 탁월한 공민성의 덕목이 보통 시민들의 훈련과 교화를 통해 획득될 수 있다는 신념을 지키며 "진정으로 자유롭고 평등한 사회에서는 치자가 **통치할 만한 자격을 갖춘** 그런 사람들이어야만 한다"[33]는 원칙을 설득력 있는 것으로 받아들인다. 자기 형성과 정치적 공동체로의 교화적 귀속이라는 적극적 자유의 이념이 포용되는 것이다.

다른 한편으로 급진자유주의는 정치적 규범론이나 정치철학이 빠지기 쉬운 정치의 평면화에 반대한다. 정치적인 것의 지평에 내재하는 모순과 적대, 그리고 갈등이 조정이나 합리적 토론을 통해 전부 해소될 수 있고 이성적 합의에 이를 수 있다고 보지는 않는다는 것이다. 급진자유주의의 시민들은 실체적 고정성을 가진 주체가 아니다. 급진자유주의적 시민의 정체성은 격렬한 헤게모니 투쟁의 잠정적 결과이며, 그 시민들이 정치에 참여하는 사회의 통합성은 항상적으로 전개되는 정치적 투쟁의 역동적 열매일 뿐이다. 이처럼 "정치적인 것은 그 스스로를 정의해 가는 과정 속에서만 자신의 모습을 드러내기" 때문이다.[34]

3) 좋음에 대한 옳음의 선차성과 담론적 법치

급진자유주의는 좋음보다 옳음을 선차적인 것으로 보는 자유주

33) T. L. Pangle, *The Ennobling of Democracy*(Baltimore: The Johns Hopkins University Press, 1992), p.106(고딕체는 원문).

34) D. Howard, *Defining the Political*(Minneapolis: The University of Minnesota Press, 1989), p.5.

의 원리의 계서화(階序化)를 수용하면서도 자유주의적 절차주의의 과잉을 경계한다. 옳음의 선차성이라는 원칙이 사회정의의 이념에 의해 관통된다는 통찰에 동의하는 급진자유주의는 크고 작은 좋음에 대한 사회성원들의 지나친 선호와 경사(傾斜)가 원칙과 법질서를 위협하는 한국의 현실에 주목한다.

급진자유주의는 법이 규범적 명제이고 해석이면서 동시에 제도이고 행위체계라는 인식에 공감한다. 여기서 "법이 의사소통적 권력을 행정 권력으로 전환시키는 매체"라는 담론적 법치론의 통찰은 매우 의미심장하다.[35] 권력 코드에 의해 작동하는 행정 권력이, 법을 창출하는 의사소통적 권력에 의해 제한되어야 한다는 기초 위에서 작동하는 현실적 제도가 담론적 법치국가(Rechtstaat)이며, 급진자유주의는 우리 사회가 이 국가 이념을 지향해야 한다고 믿는다.

법치국가는 심의민주주의적 생활양식의 일상화를 통해 생활세계와 체계를 연결한다. 생활세계적인 공론 영역과, 독자적인 논리에 의해 움직이는 정치적-경제적 체계 사이의 접합과 상호제어는 이러한 담론적 법치과정을 통해 이성적 정치질서를 낳는다. 모순과 적대가 편만(遍滿)해 있는 현대 정치의 다원성과 역동성을 인정하면서도 민주적 정통성에 입각한 자유민주주의 제도의 안정성과 지속성을 어떻게 확보할 수 있는가의 문제에 골몰하는 급진자유주의는 그 해답의 일단을 담론적 법치 이념에서 발견한다.

다원주의적 공화정과 담론적 법치는 상호조응하면서 급진자유주의의 중핵을 구성한다. 통치 안정성의 이름 아래 법이 실정성과 동

---

35) J. Habermas, *Faktizitat und Geltung*(Frankfurt: Suhrkamp, 1992), p.187.

일시될 때 법의 타당성, 즉 민주적 법치가 약화된다. 역으로 공화주의적 시민의 법 제정력이 일방적으로 찬양될 때 국가의 통합성이 약화될 수도 있다. 미국 건국의 아버지들을 고뇌케 한 이 딜레마는 다양한 형태로 현대 민주주의를 위기에 몰아넣고 있다.[36] 이 난제는 우리 사회에서도 변형된 방식으로 경험되고 있는데, 이는 특히 민주화 이후 민주주의의 위기를 경험하고 있는 정황에서 중요한 교훈이 아닐 수 없으며, 대통령 탄핵과 헌재 판결을 둘러싼 논란에서 그 명암이 극명히 드러난 바 있다. 세계사에 그 유례를 찾기 어려운 우리 사회 특유의 e-정치의 활성화나 전자공론장의 확산도 공화정과 법치 이념의 급진자유주의적 재해석을 시험할 수 있는 흥미있는 무대일 것이다.[37]

4) 민주주의적 자유주의에서 자유주의적 민주주의로

앞서 살펴본 것처럼 마르크스주의는 진정한 민주주의를 자처했으나 자유주의적 제도와 가치의 입체성에 대한 몰이해 때문에 좌초하고 말았다. 나는 이를 '자유주의 없는 민주주의'의 꿈이라고 부르

---

36) A. Hamilton, J. Madison, J. Jay, *The Federalist Papers*(N.Y.: The Mentor Books, 1961) 참조. 교서 10번에서 매디슨은 인민적 모델을 기초로 한 미국 헌법의 성취에 대해 강렬한 자부심을 피력하면서도 파당들의 갈등 속에서 공공선이 공공연히 무시되고 국가의 통합성이 위협받는 현실을 비판하고 있다. *Ibid.*, p.77.

37) 나는 전자민주주의의 확산이 급진자유주의의 한국적 맥락에 대해 갖는 함의를 다음의 논문에서 다룬 바 있다. 윤평중, 「디지털 시대의 정치 動學」, 철학연구회 편, 『디지털 시대의 민주주의와 포퓰리즘』(철학과현실사, 2004), pp.94-115.

며, 그것이 허망할 뿐만 아니라 치명적인 부작용으로 이어질 수 있다는 사실에 주목한다. 마르크스 외에 반(反)자유주의적 민주주의의 실상을 극명하게 증거하는 대표적 정치철학으로는 루소의 인민주권론을 들 수 있다. 인민의 자기 지배의 전범(典範)인 인민주권은 일반의지에 의해 육화되는데, 일반의지는 전체 의지나 다수결, 만장일치와는 언제나 질적으로 차별화된다. 옳지 않은 의지는 일반의지일 수 없기 때문이다. 이런 맥락에서 루소는 일반의지에의 복속을 거부하는 사람들은 "자유롭도록 강제되어야 한다"는 문제의 말을 남겼다.[38)]

'투표 전날에만 자유로운' 근대 대의민주주의의 허구성을 꼬집은 루소의 참여민주주의론은 '행동하는 일반의지'인 주권이 분할될 수도 없고 대표되어서도 안 되며 개인의 배타적 권리주장이 수용되어서도 안 된다고 주장함으로써 전형적인 반(反)자유주의의 길을 갔다. 그러나 그 결과는 파멸적인 것일 수 있으며, 자유주의의 교훈을 배제한 인민주권론이 가장 전체주의적인 체제로 이어질 수 있는 개연성은 이 근본적 난점으로부터 비롯된다.

급진자유주의의 강령에서 민주공화국과 자유주의의 이념은 유기적으로 통합된다. 이런 관점에서 보자면 "대한민국은 민주공화국이다"라는 우리 헌법 제1조 1항이 급진자유주의 프로그램을 통해 재해석되어야 한다는 사실이 분명히 드러난다. 조선민주주의 인민공화국의 치명적 결함은 민주주의와 공화정, 그리고 자유주의의 삼각형 구도에서 자유주의를 송두리째 삭제함으로써 급진자유주의의

---

38) J. J. Rousseau, *The Social Contract and the Discourse on the Origin of Inequality*, ed. by L. Crocker(N.Y.: Pocket Books, 1967), p.22.

요소를 완전히 소거(消去)시켰다는 데서 발견된다. 자유주의가 완전히 증발한 공간에서 민주주의와 공화정도 유명무실한 것이 될 수밖에 없었기 때문이다.

급진자유주의는 현실성 있는 민주주의는 자유주의적인 것이라고 믿는다. 민주주의를 결여한 자유주의가 역사적으로 오랫동안 존재해 왔고 앞으로도 존재할 것이지만, 자유주의 없는 민주주의는 불가능한 꿈이자 치명적 독약이 될 가능성이 압도적이다. 급진자유주의는 역사적 자유주의의 제도와 가치들이 민주주의의 형식을 규정할 뿐만 아니라 그 실제 내용을 형성한다고 주장한다.

유토피아 지향적 이론가들은 민주주의에 의한 자유주의의 완전한 극복이라는 꿈을 쉬이 버리지 않는다. 그러나 민주주의적 자유주의보다 선차적이며 더 중요한 것은 자유주의적 민주주의이다. 급진자유주의는 이 명제의 보편사적 유효성을 지지하며, 한국사회의 경우에는 더 더욱 그렇다는 것을 확신한다. 한국 자유주의의 새로운 출발은 바로 이러한 인식으로부터만 가능한 것이다.

"급진자유주의의 정치철학"에 대한 논평

| 신 지 호 | 자유주의연대 |

논평자는 이 글을 한국 뉴 레프트(New Left)의 가능성을 엿볼 수 있지 않을까 하는 기대감을 가지고 읽었다. 그러나 안타깝게도 이 글은 '한국 자유주의의 새로운 출발을 위한 제언'이라는 부제가 보여준 의욕과는 달리 기존 논의를 뛰어넘는 내용상의 새로움을 보여주지 못하고 있다.

이 글이 노정한 대표적인 문제점은 다음과 같다.

1. 한국 자유주의의 역사를 그릇되게 평가하고 있다.

"분단체제에 상설화된 이데올로기적 전투상황하에서 자유주의는 냉전반공주의나 천민적 시장만능주의와 동일시되었다."

"법치나 공정한 시장경제와 같은 자유주의의 핵심적 가치들을 자유주의의 이름으로 오히려 훼손하거나 탄압하는 자기 모순에 빠졌다."

위의 인용문처럼 윤평중 교수(이하 필자)는 산업화 시대의 이데올로기를 자유주의라 규정짓고 그 자유주의가 타락했음을 지적하고 있다. 그러나 이는 역사적 사실과 어긋난다. 박정희 시대의 이데올로기는 자유주의가 아니었다. '잘 살아보세', '수출입국' 등에서 나타나는 것처럼 경제정책은 정부주도형의 중상주의적인 것이었다. 그리고 자유주의의 이름으로 자유주의적 가치를 훼손한 것이 아니라, '한국적 민주주의' 등의 용어로 유신을 정당화하였다. 오히려 이 시기 진정한 자유주의자들은 개발독재에 맞서 민주화투쟁을 벌였다. 따라서 필자의 "수구 우파의 자유주의 찬양" 등과 같은 표현은 역사적으로 존재하지 않은 사실을 필자만의 독특한 관념 세계를 통해 재구성한 것에 불과하다.

2. 경실련, 참여연대에 대한 평가가 부정확하다.

필자는 경실련, 참여연대를 자유주의적 시민단체로 규정하고 있다. 이 또한 사실과 다르다. 경실련의 경우, 경제정의를 위한 실사구시를 표방했기 때문에 특정 이념을 내건 적이 없다. 그러나 당시 경실련 핵심인사들이 자신들의 활동을 자유주의 운동으로 인식한 적이 없다. 오히려 독일의 '사회적 시장경제'라는 사회민주주의 모델에 친근감을 느꼈다. 따라서 경실련 또는 경실련보다 왼쪽에 있는 것으로 평가되는 참여연대를 자유주의적 시민단체라 규정함은 오류이다.

3. 뉴 라이트 운동에 대한 평가가 부실하다.

필자는 자유주의연대 등 뉴 라이트 운동에 대해 "경실련, 참여연대 등의 자유주의관보다 훨씬 오른쪽으로 기울어져 있으며 매우 조야(粗野)하다는 약점을 가지고 있다", "분배정의의 중요성에 대한 인식 자체가 부재", "민주적 시민권의 확장에 대한 적극적 비전을 결여" 등의 표현을 동원해 격렬한 비판을 가하고 있다. 이는 물론 필자의 비판과 표현의 자유일 수 있다. 그러나 학술논문으로서 그 같은 주장을 하기 위해서는 거기에 합당한 근거를 제시해야 한다. 안타깝게도 필자의 글에서 제대로 된 근거를 찾아보기 힘들다. 심지어 자유주의연대의 기본 문건인 「창립선언문」과 「자유주의자의 길」을 혼동하여 인용하고 있다. 이는 이념과 입장을 초월한 '지적 성실성'의 문제로 기본적인 조사 없이 격한 표현을 내뱉는 한국 지식사회의 척박한 풍토를 보는 것 같아 가슴이 아프다.

결론적으로 이 글은 한국 자유주의의 새로운 지평을 열어보겠다는 의욕과는 달리 역사적 사실에 어긋나는 필자만의 개념부여 및 위치규정, 빈약한 조사 등으로 인해 소기의 성과를 거두는 데 실패한 것으로 보인다. 특히 필자가 주장한 급진자유주의는 밀(J. S. Mill) 류의 사회적 자유주의(Social Liberals)나 롤즈(Rawls) 류의 '정의론' 등과 내용적 차별성이 전혀 없을 뿐더러, 한국적 상황에 맞는 재구성 노력 또한 취약한 것으로 평가된다.

"급진자유주의의 정치철학"에 대한 논평

| 김 동 춘 | 성공회대 |

전반적으로 "자본주의로부터 시장을 구하자"(브로델, 월러스틴의 명제)는 명제가 연상이 되고 정치적으로는 자유주의의 장점을 고민하면서 자유주의적 사회주의를 고민하는 이탈리아 정치학자 보비오를 연상시키며, 자유주의의 딜레마를 공동체주의의 장점으로 보완하려는 미국의 보울스, 진티스의 논의와도 친화성이 있는 듯이 보이고, 국내에서는 정치적 자유주의를 경제적 자유주의와 분리시키는 최장집의 논의와도 친화성이 있는 듯하다.

시장자유주의와 민주주의의 동행, 재산권과 시민권의 동행 문제

소자본가가 경제의 주역이었던 로크 시절에는 적용될 수 있으나 이미 대자본가가 시장을 주도하는 현대 자본주의 하에서는 실현 불

가능한 관념이 아닌가? 시민권을 제약하는 재산권 행사가 너무나 노골적인 현실 앞에서 어떻게 양자를 동행시킬 수 있을까?

경제적 자유주의의 공동체에 대한 '감수성'의 결여?

이것은 감수성의 문제가 아니라 본원적인 것이 아닌가? 자유주의의 인간관 자체가 어느 정도 공동체주의와 배치되는 측면이 존재하는데, 단지 감수성으로 양자의 갭을 극복할 수가 있을 것인가? 더욱이 구체적인 경제 현실 속에서 그것이 가능한 것인가?

시장의 활력이 민주주의의 활력으로 작용하는 문제

시장이 민주주의의 토대가 되는 측면이 존재하지만, 동시에 시장이 민주주의를 제약하는 측면도 존재한다. 즉 시장은 구매력에 의해 좌우되는데, 이것은 민주주의의 1인 1표 주의와는 배치되는 측면이 존재한다. 왜곡된 시장, 정보의 비대칭성, 그리고 거대 다국적 독점자본이 주도하는 시장은 민주주의에 역기능적이다. 이 경우 시장은 민주주의를 억압하는 기제로 작동할 수 있는데, 그것을 막을 수 있는 장치가 무엇인가?

주관과 상호주관, 개체를 넘어선 적극적 자유, 공화주의 문제

자유주의는 개체의 절대성을 인정한다. 그런데 여기서 개체의 소외를 극복할 수 있는 방법이 보이지 않는다. 그리고 적극적 자유는 단지 상호주관성, 시민의 공민화 테제로서는 달성될 수 없을 것 같다. 확실히 노동자, 피고용자는 개체화되었다. 그러나 만성 고용불안 상태에 있는 개별 노동자는 어디서 공민성을 얻을 것이며, 적극적 자유를 얻을 것인가? 획일적 복지가 확실히 문제점을 갖고 있다. 그러나 굶어죽을 자유를 가진 사람들에게 획일성 비판은 너무나 편한 자의 소리는 아닌가?

도덕주의와 절차주의 문제

한국사회에서 절차주의는 강조되어 마땅하다. 담론적 법치 역시 필요하다. 그러나 법 제정과정의 정치성과 계급성을 문제삼지 않는다면 법치는 공허하다. 담론적 법치로 헌법재판소는 제 기능을 할 수 있을까? 검찰의 과도한 권력 독점이 해소되지 않은 채 자유주의의 기본인 인권이 지켜질 수 있겠는가?

민주주의의 과잉의 위험과 자유주의적 민주주의의 대안

지금 시점에서 문제가 되는 민주주의의 과잉이 아니라, 사실은 시장과 불평등에 의한 민주주의의 과도한 축소이다. 급진자유주의는 확실히 필요하지만, 그것은 오히려 자유의 이름으로 자유를 억압했던 지난 50년 동안에 더욱 필요했다. 과거에 자유를 농단하던 세력은 이제는 국가대신 대기업의 힘을 입어 자유를 농단하고 있다. 역설적으로 이제는 정치적 민주주의가 과잉 발전한 상태에서 경제적 자유주의가 그것을 압도하고 있다. 그렇다면 오히려 경제적 민주주의와 정치적 자유주의가 강조되어야 한다는 결론이 나올 수 있다. 이 점에서 급진자유주의 기획은 너무 추상적이다. 정치철학은 정치와 경제에 바탕을 두어야 힘을 얻을 수 있을 것 같다. 그리고 권위주의, 가족주의 '사회'에 대해서도 실효성 있는 대안이 되어야 하는데, 그것에 대한 언급과 처방이 없어서 아쉬운 감이 있다.

필자 및 논평자 (논문 게재순)

황경식(서울대 철학과 교수)
김비환(성균관대 정치외교학과 교수)
복거일(자유기고가)
윤평중(한신대 철학과 교수)

강준호(경희대 철학과 강사)
설헌영(조선대 철학과 교수)
김형철(연세대 철학과 교수)
신지호(자유주의연대 대표)
김동춘(성공회대 사회과학부 교수)

자유주의와 그 적들

·

2006년 4월 15일 1판 1쇄 인쇄
2006년 4월 20일 1판 1쇄 발행

엮은이 / 철학연구회
발행인 / 전 춘 호
발행처 / 철학과현실사
서울시 서초구 양재동 338-10
전화 579-5908 · 5909
등록 / 1987.12.15.제1-583호

ISBN 89-7775-579-4 03100
값 12,000원